Emmanuel Guibert

La Guerre D'Alan

阿蘭
的戰爭

我跟阿蘭‧克普的相識純屬偶然，只因為我在街頭向他問路。那是 1994 年 6 月，他 69 歲，我 30 歲。他和妻子住在雷島，而我卻是第一次去到那裡，我們就這麼一見如故變成朋友。

阿蘭 1925 年出生於美國加利福尼亞州洛杉磯近郊的阿罕布拉市，在帕薩迪納、聖塔芭芭拉一帶長大。二次大戰期間，他赴歐洲戰場打仗；戰後，他到法國安頓下來，從此不曾回過美國。擔任過美軍駐法、駐德文職人員的他，退休之後即定居在雷島。

我們認識幾天後的一個下午，阿蘭跟我講起二戰時的一些軼聞趣事。我們在沙灘上沿著海岸線來回散步，他說得口沫橫飛，我聽得津津有味。其實這些故事除了其中兩三則以外，多數都平淡無奇，與我看過的二戰電影或故事相距甚遠。然而，這些故事帶著真實的印記，讓人無法自拔。阿蘭所描述的一切，在我腦海裡形成一幕幕清晰的畫面。當他中途停下來時，我提議道：「出一本書吧！你來講，我來畫。」

阿蘭有座花園，離他家約 1 公里遠。我們便是在那裡、在那紅白小木屋裡，就著一台錄音機錄下了他的親聞親歷，兩人都很開心有這麼個好理由一起消磨時光。於是在 1994 那年的 6 月底，我已經收了好幾個小時的錄音，也決定持續下去。9 月一到，我又重回雷島進行與阿蘭的對話——我們已然成為彼此生命中重要的人了。

當時我們並不曉得這段友誼只剩下 5 年的時光，但冥冥之中又彷彿有所感應。我們半點時間都沒浪費，一起去游泳、騎腳踏車、整理花園、看電影、聽唱片、彈鋼琴、下廚。兩人不知寫過多少信、打過多少電話、錄了好多錄音帶、畫了好多圖。我們熱切地說著、說著，不曾有過爭執、不曾疏遠彼此。

「協會」出版社（L’ Association）對我們的計畫很感興趣，我開始在他們的漫畫雜誌《兔子》（Lapin）上連載這個故事。阿蘭相當關注我的工作，但同時給我極大的創作自由。儘管有幾次他對內容提出修改建議，也都是著眼於史實：比如這輛車哪裡不對、這徽章有點問題、或是散兵坑的形狀畫錯了之類。撇開這些，我可以根據想像勾勒出他的人生。有時候，我的描繪與他的經歷相差十萬八千里，環境背景或人物都不一樣，但他將之視為創作之必要而欣然接受。或者有另一種情況是，他發現自己籠統描述的某個場景，到我筆下竟與他的記憶疊合分毫不差，簡直把他搞糊塗了。

總之，他喜歡我們這樣的合作成果。正是這份信任，讓我後來能夠獨自繼續下去。我們做的並非歷史學家的工作，《阿蘭的戰爭》緣於一段忘年之交，是一個老人對一個年輕人講述了他的一生，而這個年輕人因著一股熱血衝動，覺得有必要將這一切說出來、畫出來。其實就算阿蘭沒有經歷過這場戰爭，我敢說我還是會找他一起出書。比如我就想以他在加州的童年時光為主題做一本書，那段回憶無疑是他對我傾吐的內容中最私密、最美的一章。在他身上，最為吸引我的便是做為一個說故事的人，他所流露的個性、風格、音調以及驚人的記憶力，儘管這記憶有時也會出錯。

整本書一路讀下來，讀者也許會在這裡那裡發現錯誤或遺漏，但真要我說的話，我認為這類問題是很少的。某些部分儘管我能直接修正，我卻禁止自己這麼做（比如，阿蘭將士兵卡羅瑟斯和唐納‧奧康納混淆了，他們明顯是兩個不同的人，但我仍維持原貌不予更動）。阿蘭的版本才是我優先考慮的，因為我想要讓讀者聽見我所聽到的、認識我所認識的那個阿蘭。同樣地，這本書結尾涉及其成年生活的段落，阿蘭出於審慎考量而有所保留，這也是不該勉強的。我們想呈現的是個已逝的、阿蘭青春年少時的世界，而不是近期、當代的世界，因為那可能會驚擾仍然在世的故人舊友。

而我之所以把這本書取名為《阿蘭的戰爭》，正是為了讓讀者知道，這本書談的不是二戰美國大兵的境遇，它只關注一個人：阿蘭‧克普。關注他所見過的、經歷的、感受的，以及 50 年後他對這一切的評價。

我畫的圖也是如此。要是過分講究、顧慮史

實，必然會拖慢進度。所以我經常透過留白、省略的方式來說故事，如此一來，我的圖畫便也像是一場記憶了。

阿蘭是個個子小、結實且勇敢的人，但他有很多嚴重的健康問題。打從我們相識之初，我就經常得跳上火車趕去外科診所，因為他又緊急住院了。但是他憑著強大的意志力，總是迅速康復，轉眼活蹦亂跳又是一條好漢。這些艱難時刻，在在使我們更為親近。1998 年初，一紙重病通知徹底顛覆了他的生活，另外一場「阿蘭的戰爭」開打了。在那一年半的時間裡，我看著他與病魔纏鬥，一次次被逼到絕境。當他有力氣錄音的時候，我們幾乎不談別的，只談他的童年。他的氣息愈來愈微弱，然他的故事卻益發精煉明晰。他持續閱讀我們刊載在雜誌上的片段，我加倍趕工希望讓他看到第一冊出版，又不時停下工作抽空陪他。我把每一張新的圖稿都帶給他看，或是寄給他，讓他從中回顧年輕、探索生命的自己。我也依照他的囑託，好好照顧花園，不讓野草蔓生。

1999 年 8 月 16 日，阿蘭逝世於拉羅雪爾。

阿蘭每次遇到不想馬上回應的話題時，便會俏皮地回：「等 2000 年的時候我再告訴你。」我怪罪死亡，怪它剝奪了我們所有 2000 年可能的對話，剝奪了阿蘭看到第一冊出版的機會。2000年 3 月，若是他能看到書店櫥窗擺著這本書、讀到媒體上第一波予以好評的文章，他一定會感到很驕傲。

不過，死亡也讓他免於經歷這起必然會讓他心碎痛苦的事件：1999 年 12 月，一場席捲大半個歐洲的暴風雨，摧毀了他的花園──全世界他最鍾愛的角落。紅白小屋周圍的樹全被吹倒無一倖免。而隔年春天我再回到花園時，那裡已被推土機夷為平地。當年我們聊天時，花園尚如迷宮一般，綠意盎然繁茂得彷彿沒有邊際；那一天我只走了二十小步，就逛完了全部。

魔法已換了地址。

10 年過去，我完成了工作的第一部分：戰爭結束了。隨著創作的進行，我察覺到某種需要，一種將自己的故事更加緊密與阿蘭連結的需要，

因為我想念阿蘭。阿蘭去世之前，曾鼓勵我 40 歲時到加州一趟，去紅杉公園看看那棵著名的巨大紅杉「謝爾曼將軍」，替他打個招呼。我去了。帶著他給我的那些 1930 年代的照片，走遍了帕薩迪納和阿爾塔迪納的大街小巷，尋找他小時候住過的房子。我找到了一些，像是他的學校或是他唱詩歌的教堂，還認出了好幾棵阿蘭愛爬的樹。

後來，我去了一趟德國，走訪當年他身為巴頓將軍第三軍團下士時駐紮的地方。我遇到了一些他在 60 年前認識的人，而因為阿蘭，我們成了朋友。由是，在這本書後半段，讀者會讀到比開頭篇章更為紀實的內容。

阿蘭寫詩，我從其中一首摘錄了以下三段，我想這些詩句能夠清楚說明在戰爭期間，18 歲離家從軍是怎麼一回事：

對她，我的第一眼
是坐在圓形地毯中央
在那一片土耳其藍裡
拆著生日禮物

芳華十六，十指纖纖
她的手臂上覆滿金色的絨毛
我還不曾喝過啤酒
那金黃色澤一如啤酒
⋯⋯
為她，我的第一次巨大哀傷
是在亂世之中
蹲坐在一聲道別的邊緣
察覺這白皙美麗的容顏悄然遠去。

艾曼紐‧吉貝

阿蘭希望將這本書獻給他的祖母，
艾奧妮‧英格拉姆（Ione Ingram）。
而我想將它獻給我的父母，
尚（Jean）與賈桂琳（Jacqueline）。

「我 18 歲那年，山姆大叔說他很想替我披上軍服，
去跟一個叫阿道夫的人幹一架。這就是我做的事。'」

阿蘭 • 英格拉姆 • 克普

1

我記得珍珠港被轟炸的那天。
當時我很年輕，是帕薩迪納的送報員，在加州。

那是個大清早，我穿梭在住宅區，
挨家挨戶把報紙丟在他們門前走廊上。

大部分的人還在睡，但有幾戶立刻起身，
出來拿報紙。

原本 5 欄的首頁，只印了 1 個標題。

日 軍 轟 炸 珍 珠 港

我還記得他們震驚、嚇呆了的表情。

至於我，我完全不曉得珍珠港在哪裡，
送報之前我根本沒空看裡面的新聞。

就像其他美國青年一樣，18歲的我被徵召了。

（保衛你的國家）

我做了許多測驗，其中一項成績很好，有成為通信兵的潛能。

接著大家被送上火車。

我們要前往肯塔基州的諾克斯堡。

前一晚我們才變成軍人，什麼都不會，只學了鋪床。
剛好，我們搭的是臥鋪火車。
兩個人睡一張床。

車廂裡有兩個年輕人，一看就是情侶，其中一個非常怕生，正在哭。

他抽到的床伴是個大胖子，超肥又不討喜；想到要跟他度過這一晚，他就哭了。

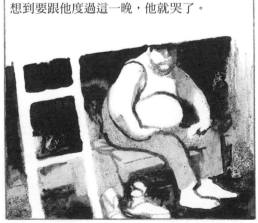

他的同伴問我：

這裡有您認識的人嗎？

沒有、沒有。

那您願意跟他換床嗎？您也知道，他都快崩潰了。

他看起來真的很可憐。我瞅著那個胖子，心想：「是啦他是醜，不過……」

好吧，我跟他換。

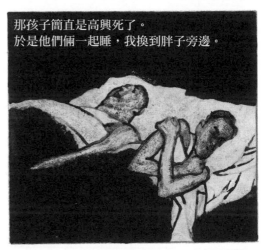

那孩子簡直是高興死了。於是他們倆一起睡，我換到胖子旁邊。

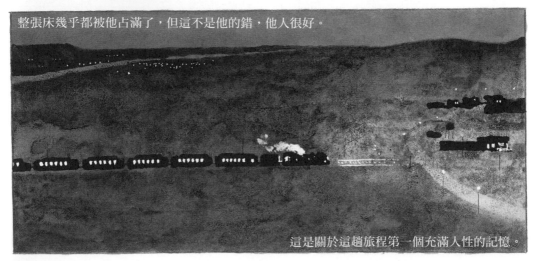

整張床幾乎都被他占滿了，但這不是他的錯，他人很好。

這是關於這趟旅程第一個充滿人性的記憶。

當時是 3 月，但我們已經穿上夏天的軍服了。天氣很熱，我們得把窗戶打開才行。

蒸汽火車所需的燃煤超乎想像，行駛時排出大量的煤煙，所有人都沾了一身黑。

一點也不好受。

接著我們抵達了芝加哥調車場。

突然，我們這一節車廂被解開了，
負責帶我們的人說：

我跟其他車廂一起走，另一輛火車會來
接你們到諾克斯堡。你們留在原地等，
禁止離開車廂。

但是幾個小時過去，沒半點動靜。
我們餓了。

那裡好像有幾棟建築物，有條路。我們
可以穿越鐵軌過去，搞不好會有雜貨店
什麼的。誰要跟我走？

我們一共 5 個人跟了過去。

穿越鐵軌要很小心，一輛輛火車全速進站，
根本分不清它們從哪個方向來，因為那是由
軌道上的轉轍器控制的。

你以為火車從這一軌來，但它卻突然切換
到另一軌去，實在非常危險。

終於，我們走到外面了。

我們真的在附近找到一間迷你雜貨店，
買了麵包、小點心、花生醬和一些水果……

這些東西全都裝在紙袋裡，那種以堅固著稱
的美式紙袋，然後我們循原路回去。

出來時我們小心記下了路標，像是電塔或
是有的沒的，回程才好找到我們的車廂。

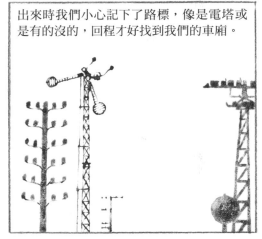

回程一樣驚險萬分，但我們沒有迷路，我們
確實回到了車廂原本停靠的地方。

車廂卻已經不在了。

怎麼辦？

我的錢幾乎都花光了。

我也是。

我們會被抓去關。

我們必須走到車站。他們現在會把我們當作逃兵，所以要想辦法盡快趕到諾克斯堡，證明我們沒有打算逃跑。

所有人一致贊成。我們先走到了調車場的一個辦公室，裡面職員招呼了我們，聽完我們的遭遇後大笑。

我來發個訊息給負責西向來車的站長。

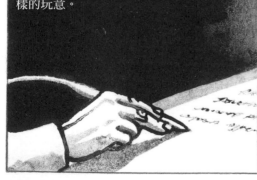

我對他手上那支電子筆很著迷，他一邊真的在類似紙張的面板上寫字，而這些訊息會即時出現在收受方的車站那頭。我從沒見過那樣的玩意。

總之，這邊透過同樣系統收到了回覆，指示我們馬上過去。

到了車站，我們打電話到諾克斯堡司令部。
我們已經被通報為缺席人員了。

軍方幫我們處理好從紐約到路易維爾的車票。路易維爾是鄰近諾克斯堡的大城，用當地口音念來是「路爾佛」。

我們在下午抵達紐約中央車站。
那是我第一次到紐約。

往路易維爾的火車晚上才發車，我們心想到了那裡一定會被關禁閉，決定趁機放鬆一下。

我們登上了102層樓高的帝國大廈頂樓。

我們在一個軍人俱樂部吃了免費的晚餐，
又到洛克斐勒中心聽爵士管弦樂團演出。

接著，夜車啟程了。

清晨，一輛軍車到路易維爾接我們到諾克斯
堡。

諾克斯堡當時有 10 萬人在裡頭，就像個真
正的城市。從入口到我們的營區，開車足
足要半小時。

大家熱烈歡迎我們。沒有半句斥責或任何處
分。我們跟其他人一樣領了裝備，就這樣。

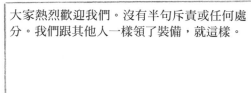

2

我們學著如何當一個軍人。

我被分派到裝甲部隊，進行為期 3 個月的訓練。當時裝甲技術還很新，有非常多的東西要學。

至於在步兵師的同袍，他們的訓練期只有幾星期，接著就被派去送死。

第一天，所有人都要接受心理評估。現場會有一個軍人向你提問，其中有些問題還滿尷尬敏感的。

接著是智力測驗，這一關我表現很好，132 分。

現在我老了，分數不可能這麼高啦！

17

嚴酷的訓練就這樣開始了。
包括行軍、夜跑、
熟練各種武器應用，
如何找路、巡邏偵察；
我們也學會使用英式保險套、
知道要當心妓女
（當時還沒人跟我們提過盤尼西林，
在那個年代，這詞我連聽都沒聽過），
總之，一切你能想到的，
包括擦地板。
可說是十項全能。

比如，我們要從鐵絲刺網下面爬過去，
有人會在上方開槍，**真槍實彈喔！**
意思是你一站起來，就會沒命。

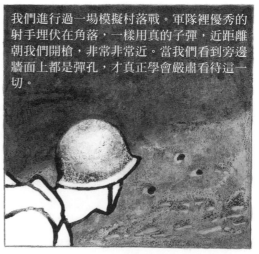

我們進行過一場模擬村落戰。軍隊裡優秀的射手埋伏在角落，一樣用真的子彈，近距離朝我們開槍，非常非常近。當我們看到旁邊牆面上都是彈孔，才真正學會嚴肅看待這一切。

接著，村落被攻占的同一天，一項操練讓我簡直抓狂。

那是在一片樹林的出口。

當時我們在路的一側等戰車開過來，路面已經挖好很多散兵坑。

我們必須在戰車到來之前衝到路上，挑一個坑跳進去，而戰車其中一側的履帶會壓過坑上。

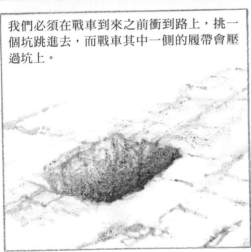

我們帶著長槍，一次10或12人行動，但不是同時，而是一個接一個。

我最後一個收到奔跑的信號。

我跳進剩下的那個坑。
混帳東西！
那個坑不夠深！

19

那天坑壁可能有些塌陷，深度至少少了 20 公分，我整個人勉強可以擠進去，但是槍沒辦法！

你看，我要是夠聰明，應該把槍丟到一邊或怎樣，但是應變的時間太短了，戰車已近在眼前。

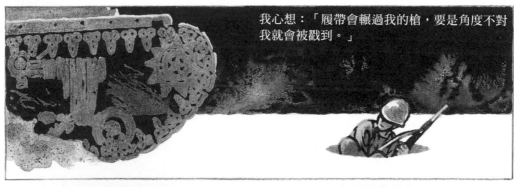

我心想：「履帶會輾過我的槍，要是角度不對我就會被戳到。」

我有兩秒時間把槍順著戰車行進方向擺，然後盡力縮起身體。

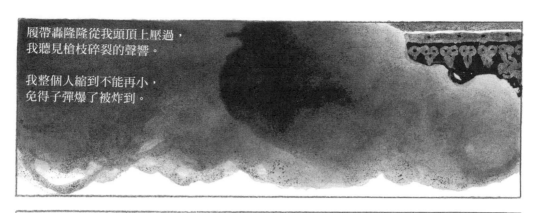

履帶轟隆隆從我頭頂上壓過，
我聽見槍枝碎裂的聲響。

我整個人縮到不能再小，
免得子彈爆了被炸到。

成功了。

我從坑裡爬了出來，中士
氣炸了，完全不想聽我解
釋。

我不敢忤逆他。

那次經驗真是糟透了。

3

我在其中 1 個營。
那個營有 4 個連,
而每一連有 60 名士兵。

我們有一項練習,是扛著跟自己體重相仿的人進行接力賽。

各個連打散之後,我四處張望,
尋覓跟我體形差不多的人。

我們一組?

好啊。

我跟小盧就是這樣認識的。

把一個人扛在肩上很容易，只要扛的方法對，就算對方比自己重也扛得起，但要小心不能卡到他的蛋蛋。

我們兩個一邊練一邊玩，就這樣變熟了。

他的個性跟我截然不同。
我算是個害羞的小孩，看起來不難相處，但就是會害羞。
除了游泳和爬樹以外，沒什麼運動細胞。

小盧剛好相反，他就是籃球隊、足球隊等等那一型的……

我們永遠無法得知怎麼就跟一個人熟了起來，
但我們真的真的很要好。
好到有人以為我們是什麼特殊關係。
小盧那傢伙很好鬥，
有幾個人的鼻子就是這樣被打斷的，哈哈！

部隊要行軍，一次就是 30 或 40 公里，
經常熱到快窒息，但我超愛。

行軍隊伍前後各有一輛卡
車，前面那輛載著 Lister
bag——休息時的給水袋。

後面的卡車負責載送昏倒
的人。

休息時間每次 15 分鐘，我們
就在樹下坐一下、喝點水、
抽根菸。

小盧在後面那一連，他常
常跑過來找我喝一杯。

行軍結束回到營區後，通常
可以自由活動。所有人都倒
地累趴了，只有我們會說：

好吧，那我們
要去溜冰囉！

而且我們還真的去了。
讓大家很不爽。

還有一個傢伙，在另一連，叫做唐納・卡羅瑟斯。

他每次都叫我「加州小子」。

嗨！加州小子！你好嗎？

他長的一副白人農夫樣，鼻子小而尖，眼神令人難忘。他個子不高但是身形修長，大腿相當有力。

最讓我驚訝的是，其實他骨子裡是個田徑好手，只是他走路時胸部會往前傾，因為背包很重，而他胸腔很小。

還行嗎加州小子？

我喜歡他叫我「加州小子」的語氣。我們會像這樣簡單聊幾句。
冥冥之中有種引力，把我們拉往一份未成形的友誼。

好了現在我要先跳過一些事，來說說他後來的遭遇。

戰爭結束後沒多久，1945年的5月，當時我人在捷克，很難得地收到兩封信，其中一封是唐納·卡羅瑟斯寫的。

當然，信的一開頭便是：「嗨，加州小子！」接著：

我退伍了，現在過得很好，在夜總會、俱樂部跳舞。我希望你過來跟我會合，愈快愈好，我需要一個搭檔，我會教你怎麼跳，你一定會是個很棒的舞者，這樣就完美了。

我完完全全、百分之百呆住了。從1943的年底以後，我就沒聽說過他的消息，老實講我甚至忘了這個人的存在。

我於是提筆回信。禮貌地拒絕了他，我寫道：

你的提議很棒，我感到很榮幸。但我不曉得自己是不是那塊料，我想還是不要貿然決定才好。

（而且，我還不確定自己想做什麼。）

你看，搞不好我有機會成為一名優秀的舞者哩。他應該是注意到我行軍時步伐輕盈的走路方式。

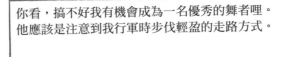

另一個更驚人的時空跳接，是1976年。那時我退休了，有天在看一部金凱利（Gene Kelly）的影片，你知道的那部。

通常，金凱利旁邊會有一個舞者，一個叫做唐納·奧康納（Donald O'connor）的傢伙。

而這個奧康納，就是卡羅瑟斯。我完全可以肯定那人就是他。

我想他已經死了。

1945 年我在捷克收到的另一封信,是小盧寫的。
我給他寫過很多信,但始終沒有回音。
這讓我相當難過,一想到他死了就忍不住落淚。

（後來我才知道,他也是這麼想。）

其實軍方已經盡力在送信了,但說穿了,當時就是在打仗。比如,我一個美國親戚寄了一大箱水果蛋糕給我……

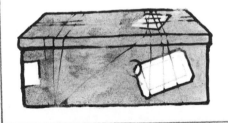

幾個月之後,這包裹又回到她手上,整個被壓扁、爛了。

運送包裹的卡車一定遭到了轟炸,或是從坑道出來的。

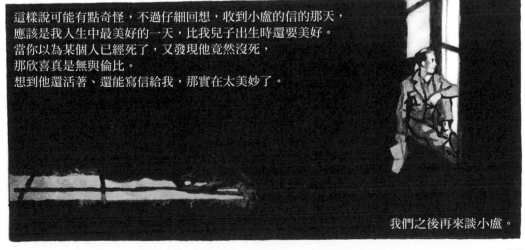
這樣說可能有點奇怪,不過仔細回想,收到小盧的信的那天,
應該是我人生中最美好的一天,比我兒子出生時還要美好。
當你以為某個人已經死了,又發現他竟然沒死,
那欣喜真是無與倫比。
想到他還活著、還能寫信給我,那實在太美妙了。

我們之後再來談小盧。

4

我還沒跟你講我得陰蝨的事對吧？
我現在說給你聽。
我原本不清楚什麼是陰蝨，
然後有一天在進行基本訓練時，才發現大事不妙。

我可以跟你保證不是
在城裡染上的，況且
我根本沒去城裡。
很顯然一定是上廁所
時被傳染的。

牠們數量很多，
真的很不舒服。

每天早上集合時，各事項宣布完畢以後，
負責我們這一連的中士會問：

有人要請病假嗎？

有些士兵就會出列站到他旁邊，他讓其他人
解散去吃早餐，接著一個個問：

怎麼回事？

我跟他解釋我的情況。

這叫做陰蝨。

英文是
pubic lice，
不過俗稱是
「螃蟹」，
就是你知道的
螃蟹。

因為，我不知道你之前有沒有看過，陰蝨體形很小，牠們會躲在陰毛根部，用小小的鉤爪抓著你，超痛的。要是你看到就知道了，牠樣子就像隻螃蟹，一隻小黃道蟹。差不多像這樣。

於是，中士怒斥了我一頓。想來他一定是認為我幹了蠢事。因為當時部隊費了很大力氣，防止我們這些小伙子去找妓女。

對於陰蝨該怎麼治療我完全沒概念。後來才知道有藥膏可以殺死這些小生物，但中士沒讓我去看醫生，他對我說：

來，你要做的就是：去浴室，抹上刮鬍膏，然後把陰毛給我剃得一根不剩。不管是陰莖、睪丸附近，全部剃掉，懂了沒？

然後注意把這些都沖到排水溝裡，盡快處理不要拖。很快你就會沒事了。

不過他也真夠狠，因為這執行起來難度很高很不舒服，你可以想像。

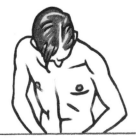

而且這還沒完……

因為陰毛會再長出來！一開始很短，刺得讓人受不了。

加上我們一直走來走去，體能鍛鍊、運動等等。當然，我去買了爽身粉，也盡量做好保護措施，但實在吃盡了苦頭。

後來我就很小心。

我才不想再被傳染。要知道我們廁所可不是獨立隔間。

就是一整排面對著牆，一排6到7個小便斗。

有點擠，挺不舒服的。

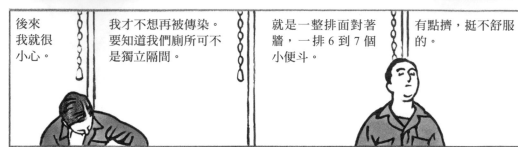

而且在陰蝨事件之後，又出了個意外。

隊上找了水電工來修理加熱系統。

這些傢伙把熱水接在廁所。

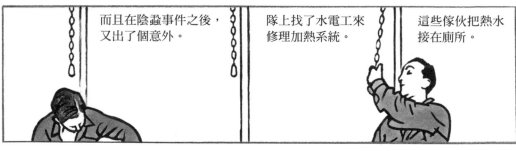

早上，每個拉了沖水繩的都坐在地上站不起來，嚴重燙傷。

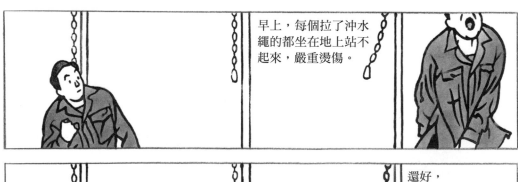

還好，我逃過一劫。

5

我父親沒教我開車，
大概是因為我繼母不願意。
要不然我爸人那麼好，一定會教我。
我到 18 歲時，還只會騎腳踏車。
所以啦，我人生第一次學會開的車，
就是戰車。

那是有點麻煩的機器，這樣說算客氣了。
肯塔基州的土質是黏土，地面很乾時，
揚起的塵土還真不是普通的可怕。

萬一遇到下雨，那可一點都不好玩，因為
處處爛泥，而一整天訓練完畢之後，除了
別的事情我們還得清洗戰車。

尤其我們必須把履帶每個連結上的泥巴都剃除。我們會用小木棒、或折根樹枝來清，總之看現場可以找到什麼都行。土很黏，根本不可能清理乾淨。

那個年代的戰車用的是飛機引擎，也就是星型的，老式螺旋槳飛機常用的引擎。它之所以叫星型，因為它的形狀是圓的，周圍有一根根火星塞，耗油量驚人。

我們備有油桶，於是包括小克普我在內的所有人，都會學會如何一手2桶，一次4桶提著走，那真是恐怖的重。

我不曉得你知不知道戰車怎麼開。基本上我們面對的是兩條履帶，但是沒有方向盤。唔，首先當然要啟動，這不難。轉一下鑰匙，如果沒問題，引擎就啟動了。

位置不太好坐，也沒什麼視野，如果蓋上艙蓋，就只剩小小一片觀測窗。

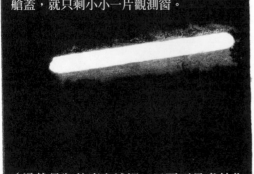

（這就是為什麼在城裡，只要不是處於作戰狀態，總會有一個士兵走在前面引導。）

裡面有加速和煞車系統。至於方向，我們通常會煞住其中一條履帶，就是拉起其中一根桿子，像飛機操縱桿那樣；這一側履帶減速，另一側持續定速前進，車子就會轉向了。

如果想右轉，
就拉右邊操縱桿讓右邊履帶減速，
車子自然往右轉。

若是拉得很用力，履帶會完全停下來，
但這樣就是硬轉。

要讓戰車停下來，就兩根桿子一起拉。

裡面還有所謂的離合器，但這跟汽車離合器一點關係也沒有。
那只是為了讓車子原地不動時能維持引擎的運作。

一輛戰車基本上配 4 個人。
駕駛在左下方，通信兵在右下，
接著砲塔那裡是車長和砲兵，
萬一車長受傷或陣亡，砲兵就要接手。

通常砲塔上會有個轉盤，上面架著一支重
機槍，白朗寧 M2HB，口徑 0.50 英寸的，
所以，砲塔頂部是敞開的。在那裡的人是
站著的，天氣冷的時候我們會拿條浴巾，
用鋼盔壓住當成披風保暖。萬一下雨嘛，
唔，下雨就下雨啦。

車上組員配有耳機和小麥克風彼此聯絡。
剛才我不是說駕駛的視野很差嗎，通信兵也一樣。
如果砲兵下來裝填彈藥，就只剩車長知道外面實際情況。

車長指揮調度都是用錶盤刻度系統發號施令：目標在3點鐘方向、10點鐘方向等等，他也要指示距離。至於砲兵則透過瞄準鏡來偵測目標、開火。現在這些系統應該都電子化了，但當時我們是運用逼近法。
一種有效的逼近法。

所以，我跟其他人一樣學會了怎麼駕駛這玩意，其實滿好玩的。一開始當然不太容易，我們大概花了整整兩星期時間，接著獲准推倒樹木。我記得是橡樹之類的，不算很大棵但是很高。

當時我們共 3 個人在上面，教官擔任通信員，另外兩個學員輪流，一個負責指揮，一個負責砲塔。

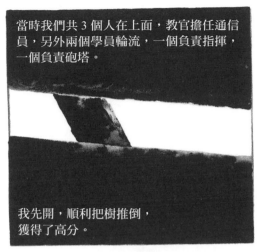

我先開，順利把樹推倒，
獲得了高分。

接著我跟另一個人交換，
換我一個人在砲塔上，擔任砲手。

車子往一棵大樹開去。

原本應該整棵被推倒的樹，可能因為長得不是很好，被撞擊的瞬間就從中間斷了。

下方樹幹倒在戰車前。

上半部整個掉在砲塔上。

好險，樹幹是往旁邊倒而不是往我頭上壓，
不然我就掛了。
或者要是我們有兩個人站在砲塔那邊，
其中一個一定會陣亡。
我跟教官都嚇壞了。
戰車沒什麼損傷，但砲塔座圈遭到毀損。

很弔詭吧？
在整個訓練過程、包括後來
真正打仗的時候，我總是遇
到一堆危險的事，但跟實際
戰鬥都沒什麼關係。

6

我們整天都在練習如何操作戰車和保養維護，後來都有點煩了。
還好，小盧那一連的訓練跟我們一樣，晚上碰面時可以一起吐苦水。
我們住在野外，帳篷不太好睡，離營區很遠。

小盧說：

> 走，我們去偷點
> 東西來吃。

他跑去他們連上的炊事帳裡
（這傢伙膽子真的不小），
偷了麵包、奶油和洋蔥，
他很愛生洋蔥。

我們做了個超大的奶油洋蔥
麵包三明治。老實說有點難
消化，但是很好吃。

從那個時候起，我就愛上了
這種三明治。

後來，我們有星期六半天加上星期日整天
的空檔，所有人都回了營區，而小盧突然
整個崩潰。

> 我受夠了，受夠這
> 一切，受夠了軍隊！
> 這根本沒意義，我只
> 想逃走！

星期日下午4點左右，當軍車又把所有人
載走時，他躲了起來，我也陪著他。

我說：

好我跟你留下來，但我不當逃兵。所以需要的話我會陪著你，只是你不該這麼做。

我痛恨戰車！

每次在電影裡都會看到戰車起火、裡面的人被燒死。我不想要這種結局！

我不想活活在戰車裡被燒死。我夢到我跟電影裡的人一樣，陷在起火的戰車裡。

我跟小盧常去看電影。每次要在戰爭片或是其他類型電影裡挑一部時，小盧一定選戰爭片。

我個人是覺得，沒必要把自己投射到電影裡的角色身上。

小盧，你幹嘛又挑戰爭片？

因為我想知道，要是我遇到這種情況會怎麼反應。

他明明非常勇敢堅強，我不懂為什麼他害怕遇到狀況時反應不來。

嗯，說實在的，我也痛恨戰車。但我討厭的是清洗的部分。

哼！是不是！

只是我並不會特別多想。雖然現在你提到在戰車裡被燒死，我承認一想到那個畫面我也不願意。

然後呢？

就算是這樣也不應該臨陣脫逃。

我花了 6 小時說服他。

已經晚上 10 點半了，我說：

你跟我一起回去吧。

嗯。

這下我們得用走的過去了。

好啦好，知道了。

阿蘭，你認得路嗎？

當然。

於是我們出發了，走啊走不知走了多久，各自回到連上時根本累癱了。

隔天，他跟我說：

嘿，你猜我接下來打算幹嘛？我要
自願去當傘兵。你覺得怎麼樣？
我們可以一起去。

這可能比戰車來得危險，不過跳傘
赴戰場我不怕，在戰車裡被燒死，
我怕。

我同意了。

我們去了司令部。

你們隨時可以提出申請，我們自然會評估。

於是我們遞交申請書，重新做了體檢和資格
測驗。

然後審核結果
下來了。

我們的申請被駁回了，因為當時任何轉調
都暫停。我們即將要結訓了，上頭已經有
所安排。

我想去跳傘應該會很好玩，但是現在我
可能就無法在這裡跟你聊這些事了。

分發的時候到了，我被叫去見指揮官。

克普，通信學校那邊缺學生，而你當初的測驗成績是全營最好的，不強迫，看你有沒有意願，總之你符合資格，可以到通信學校受訓 3 個月，好好考慮一下。

我並不打算閃躲，我不怕上戰場，但是我想：

如果拒絕了，可能會錯失一次寶貴的經驗。而且小盧跟我不在同一連，如果為了他留下來，下部隊後我們分發到同樣營區的機會也很渺茫。

我知道每一連分發的地點不同，很少會重疊。

小盧知道後不太好受，但是他明白我們本來就不太可能繼續一起。要是確定可以跟他分到同一部隊，我當然會留下來。只是既然無論如何都會分開，我說：

我決定去通信學校。

就這樣，所有的連隊依序出發了。
4 棟軍營頓時清空，隔天又會有另一群人前來填補。

我留在營區裡，看著所有人踏上征途，看著小盧離開。

我一個人留在空蕩蕩的寢室裡，不騙你，我當時很悲傷。

7

好啦，接著就是進入通信學校的日子了。
受訓時間是 3 個月，訓練相當扎實。
每天我們要花好幾個小時在電碼上，
包括發送、接收。在熟悉電碼的過程裡，
真的會有人突然抓狂崩潰。

我們也有一些課像是密碼學、簡單的無線電基礎理論、傳輸規程（透過大量的協定信號，信號開頭都是 Q，而且字母組成很少，通常是 3 個），操作無線電、語音編碼傳輸⋯⋯

3 個月訓練期快結束時，我們也學了如何在作戰中用無線電通訊。

我們被安排在輕型半履帶車裡，車子會行經各種難以想像的路線、開過河床，持續不斷倒退、迴轉。

發報機就在我們腿上，用一條帶子綁著，在這過程中我們必須傳送訊息。

車外則有大喇叭模擬戰時的各種聲響，飛機盤旋、炸彈爆炸、人群尖叫聲等等。

在這樣的干擾下，我們還得邊聽邊謄寫。

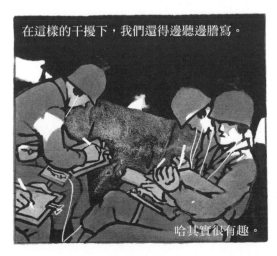

哈其實很有趣。

我成為一個優秀的通信兵，速度中等，在 300 人的班級裡取得第一。

結果，學校問我願不願意留下來當教官。我一直以來都是一般兵，對吧？連一等兵都稱不上。

這提議我喜歡。

我教士兵國際摩斯密碼，有時也會有幾個士官。我得觀察每個人的長處與弱點，注意他們犯某些錯誤的原因，過程還挺好玩的。

不過最特別的是密碼學。當時有一部神奇的小機器可以加密、解密訊息，那可是祕密通信裝置。

整台機器大概才 12 或 13 公分長，寬度略窄，高 7 公分。有搖桿跟小滾輪，但我忘記如何操作了。

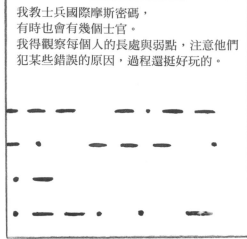

也許正因為我太擅長保密所以才會忘了。本來就該忘了它。

我對那台小機器的操作瞭若指掌。上午，我會統一跟所有人講解功能；這種時候底下就會有高層甚至是上校。

有時候我得糾正他們。老實說，很多軍官年紀大了，他們對新事物的理解不像年輕人那麼快，可不是？

下午，我又回到半履帶車那邊，此時是以指導員的身分，一次帶 4、5 個兵。
其中有些學生後來跟我變成朋友。

我還記得有兩個很優秀。他們在路易維爾有熟人，那兩個傢伙滿腦子除了性沒別的。

每隔 20 分鐘左右，我就得帶領他們進入艱困的通信現場。他們的確好相處但也很欠揍。總之很精采就是了。

我當時以教官的身分跟其他教官同寢。
有一天，他們很卑鄙地擺了我一道。

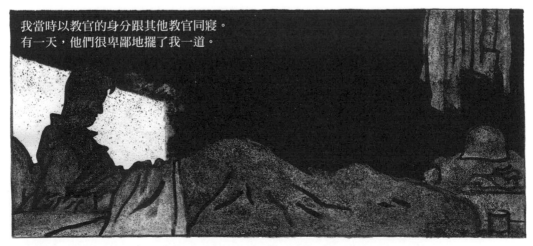

公告欄貼出通知有人要來視察，規定所有人早上7點到營房外面集合。但我沒有看到。

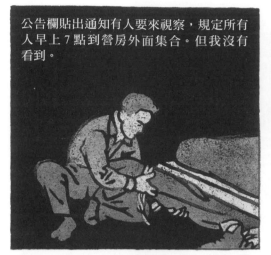

前一天我很晚才回營區，因為隔天一早我放假，而其他人就這樣任由我繼續睡。

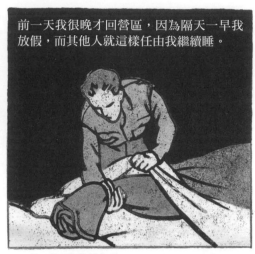

司令邀了他一個軍官朋友一起到我們營房視察，結果看到我呼呼大睡。

我被禁足一星期。
活動範圍僅限學校、食堂跟營房之間。

於是我做了人偶，一尊超逼真的人偶，放在我床上然後每天晚上都跑出去混。這是我發洩不滿的方式。

哎，戰爭正摧殘著世界，而我學通信、教通信，安安穩穩地。這不會困擾我，只是我不免會思索。
我做我該做的，就這樣。

8

接著來談談我人生中最大的轉捩點吧。
諾克斯堡有兩間很大的俱樂部，專為士兵所設的娛樂交誼場所，
由部隊的康樂隊負責管理，裡面相當寬敞。
我們可以打牌、看電影，咖啡免費，要糖要奶都有；
我記得可能也提供一點菸和甜甜圈吧，很不錯。

有天晚上，我去了其中一間俱樂部，爬了幾階樓梯之後，看到一扇門。一扇普通的門。

我推開門。

我瞬間從 500 人落入 5、6 人的小天地。那房間有隔音牆，完全聽不到外面的喧嘩吵鬧。

裡面擺了一架鋼琴、舒適無比的沙發、雙層窗簾，還有當時最新的黑膠唱盤，78 轉的。

裡頭所收藏的唱片令人嘆為觀止。

後來我才知道，那空間原本是一個女子團體設立的，因為她們想為士兵做點事。我不說你也知道，這一切跟我當時所認知的軍中完全不同。

於是，進入那個音樂沙龍之後，我便進入了一個至今我仍樂在其中的世界，美妙的音樂世界。

後來我差不多變成裡面的頭頭，和其他兩三個人安排點節目，一晚接著一晚。

美妙音樂當然是重點，但是那裡對我而言更具意義的，是人生啟發。
原本我可能會在通信學校繼續教個 10 年，因為在那裡聽音樂實在享受。

巴哈、舒伯特、韓德爾、布達佩斯弦樂四重奏演奏的貝多芬原版錄音，還有諸多經典。

FRANZ SCHUBERT
STRING QUARTET
IN D MINOR · D 810

A. ALLEGRO

DEATH AND THE MAIDEN

UDWIG
THOV
LIN CO

而且，有些士兵音樂造詣極高，他們會講解給我聽。比如有一個頗自負的文青，他入伍之前念的是音樂學。

另一個和我交情不錯的學生，在路易維爾大學一個社團裡有熟人，他們會舉辦唱片音樂會。這個叫大衛‧迪亞蒙的傢伙很有錢，只要我們能同時拿到外出許可，他便會找我一起去聽，還幫我付當晚的旅館費用。

入場把關極為嚴格，小巧的豪華沙龍裡頂多 20 名聽眾。我們聆聽歌劇，還有主持人進行賞析。我就是這樣認識《唐‧喬凡尼》[2] 的。

2.《唐‧喬凡尼》（Don Giovanni）為莫札特三大歌劇名作之一。

在諾克斯堡的音樂沙龍裡，我還認識另一個通信學校的學生——

阿米耶爾 · 菲立普 · 梵提斯拉。他風趣迷人，是個天才，智商150，天才的基本智商。

他本身對一位偉大的哲學家很有研究，叫做……他現在已經死了，思想很前衛的……噢，算了不重要！哪天想到再說。

他是 Dark Dutch ——黑荷蘭人家族的後代。你知道荷蘭人有兩種：
一種是我們一般熟悉的，日耳曼人的一支；另一種是從西班牙北上的，他們通常是猶太人，或有些是摩爾人的後代。換句話說，他們的膚色比較黑。

阿米耶爾什麼都懂。音樂、數學、文學無所不知。例如，普魯斯特全集他全讀過。他痛恨軍隊，當然，也痛恨他所學的這些通信知識。

他在音樂沙龍相當受歡迎。通常他來的時候都很匆忙，衣服沒換、飯也沒吃，頭髮上還沾著一堆紅土。

阿米耶爾，把你頭髮撥一撥啦，一堆土。

我沒差。我是來聽音樂不是來洗頭的。

他也打網球，我找來兩支拍子，兩人對打。

有時我們會進城，企圖買點酒來喝，但我們年紀太小，當時買酒必須出示身分證：未滿 21 歲的話，在路易維爾的酒吧連啤酒都不能點，店家也不能賣給我們。

但是阿米耶爾說：

我想喝班尼迪克丁香甜酒。

結果呢，最後我們不知使出什麼詭計說服了一個酒商賣我們一瓶。

我想要用 Pony 杯來喝。

所謂的 Pony 杯，就是小巧的高腳杯，樣子非常精緻，容量很小，專門用來喝烈酒的。我們也在一家水晶玻璃商店找到了。

我把酒和 Pony 杯藏在營房，打網球的時候帶出去。

用 Pony 杯喝班尼迪克丁最棒了。整瓶直接對嘴喝太粗魯。

（因為儘管頭髮沾了土，他仍是個非常講究的人。）

我很喜歡阿米耶爾，我們很談得來。
後來我到歐洲打仗，就完全沒有他的消息了，完全。

過了很長一段時間，1953 那年，因為駐沙托魯[3]的空軍撤銷了我的文職職務，我去奧爾良總部的文職人事單位，看有沒有其他的缺。

我坐在接待室等著，往左邊一看……
不是！是往右邊，猜我看到誰了？
阿米耶爾！哈哈！

他跟我一樣是來求職的。只是他呢，擁有各式文憑、證書，輕鬆就能找到工作。

我那一整年都沒有找到工作，
可說是我人生中最悲慘的一年。

52　3. 沙托魯（Châteauroux）是法國中央─羅亞爾河谷大區（首府為奧爾良）安德爾省省會。1951 年美法簽署協議，美國空軍進駐沙托魯機場附近。1966 年法國退出北約組織，戴高樂將軍要求美軍撤離，隔年 3 月 23 日全數撤離。

後來我到拉羅雪爾的美國陸軍法律事務組工作。1954年5月，我窮得連一毛錢都沒有了，而你知道我遇到了誰嗎？又是阿米耶爾！

他找到了很好的缺，待遇優渥，也在拉羅雪爾。他的老婆是法國人。
他對我說：

晚上你可以來我家吃飯，別客氣，直到你經濟狀況變好為止。

因為我雖然有工作，賺的錢卻不夠吃飯。好一段時間裡我一天只吃半條棍子麵包。

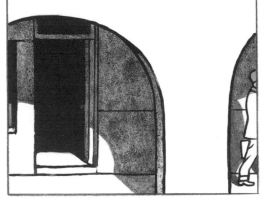

所以我們就這樣又見了幾次面，然後就再也沒聯絡了。很可惜，因為說真的，他的確是個朋友。我知道23年後，他當上了巴黎美國大學的校長。

我寫過信給他，但沒有回音。
我也不清楚他有沒有收到信。

話說回來，前面提到的偉大哲學家，我想起來了，他叫做伯特蘭・羅素。

9

後來，命令下來了。所有只要在美國受訓18個月以上、尚未赴戰場的士兵，都必須分派到後備部隊去。

我的教學生涯就這麼突然畫下句點，接著我被分發到喬治亞州班寧堡的裝甲部隊。

在那裡我遇到很多從前的學生，他們都成了通信兵。

最好笑的是，那裡已經沒有通信兵的缺了，結果我變成坐在吉普車後排的巡邏步兵。

日子不太好過。
天氣很冷，因為是冬天，連帶使得巡邏格外辛苦。

我們被要求在吉普車兩側匍匐前進，右邊兩個左邊一個，觀察整條道路、樹叢等的動靜。我想：

不會吧，整個戰爭期間我都要這樣爬？

還好，這輛吉普車的車長約翰‧馬克中士，是個頂尖模範，後來我們變成好朋友。
他跟我說：

克普，除了戰車以外，你一定要學會駕駛其他車種。

我當然知道啊！那你讓我開！

於是，每次只要車程較久，他就會讓我開，我也挺快就上手了。

說到底，我稱不上是個好駕駛，不過至少我會換檔，也知道怎麼切換成四輪傳動。

班寧堡的士兵龍蛇雜處，除了幾個特例，大多數都不怎麼樣。
無能或藉故偷懶的比比皆是。
但是既有能力又愛打混的倒是沒有，像我就是那種偷懶又什麼都不會的。

我們隊上有個脾氣很好的鄉巴佬，來自奧沙克山，打從出生以來都是赤腳走路，叫他穿鞋簡直要他的命。

我覺得自己應該要長進一點，於是和一個朋友提出申請，打算去念軍官學校。

就是在官校裡
待個 2 年，
畢業後是中尉。

首先要經過軍官委員會的面試。
只是，我對軍隊組織的認知不足，
原因很簡單因為我沒興趣。

一個師是怎麼運作的？
裡面包括哪些編制？
不同軍種的使命何在？

我給的多半是
籠統的答案、
廣義的說法。

其中，還要指出每個軍官領口上的徽章
代表什麼軍銜。照理，這個問題我可能
還比較拿手。

但是他們高高在上，彷彿在法庭似的，
而後方又是一整片玻璃。

突然，夕陽餘暉照進來，直射我的眼睛。

抱歉，陽光太刺眼了我完全看不
清楚。

他們哈哈大笑，但沒打算給我任何提示。

總而言之，我不是當軍官的料。

我也不太像個軍人，
我比較像個愛作夢
的人。

10

在班寧堡的時候，我收到了小盧的信，
當時他在另一個部隊，距離有點遠。

他提議也許我們可以見個最後一面。

他抽到 24 小時的休假，加上週末的話，
幾乎就有兩天的空檔了。
信裡他寫著：

「如果你也可以外出的話，
在我們兩個部隊之間有個小鎮，
搭巴士到那裡會合很快。」
（可惜我忘了小鎮的名字。）

「當天你就搭那班從班寧堡出發的車，
大概下午時分就能抵達那個小鎮。
我們可以住旅館，一起晚餐，
隨便東南西北聊個痛快，
然後隔天回部隊前再吃個早餐。

快回信吧！」

他甚至費心幫我查了巴士的時間。

我跑去見士官長，跟他說明狀況，問他有沒有什麼方法可以拿到 24 小時的外出許可。

令我驚訝的是，他表示相當理解。

你的朋友這麼用心安排，我也會協助你。我可以替你拿到外出許可，確認巴士的班次。

士官長幫我做了確認，一切就緒。

於是，到了那一天我便搭了巴士，很開心小盧還想到安排這些。

換作是我，大概不會有這種念頭。

見到小盧了。我們兩個手頭都不寬裕，但都帶了足夠的錢，在不錯的旅館訂了一間很棒的房間。

我們聊了很多，關於生活、關於經歷與未曾經歷的事，或是跟家人有關的消息等，直到晚餐時刻。

飯前，我們甚至點了杯調酒，這是從前沒有過的，我記得我們點的是 Dry Martini。是用 3/5 的琴酒加上 2/5 的 Noilly-Prat 苦艾酒。很烈、很好喝。美國人愛死這款調酒了。

當然，我們後來又聊到半夜，才沉沉睡去。

隔天，吃完早餐後我們彼此道別，
兩人都知道以後或許再也見不到面了，
而這份友誼是如此珍貴。

就這樣，再見了，小盧。

這次會面就是在他離開美國赴戰場之前。
啊～你也會喜歡他的。
這傢伙真的很棒，
是個正直又堅毅的男人。
而就像我在其他部分提到的，
有很長一段時間我們完全失去聯繫。

11

在我那 20 個月的服役期間，我回過加州兩次。

當時來回一趟就要花掉 10 天的時間。

而且火車上非常擁擠。

第一次回去時很讓人難受。
我爺爺在我新訓時過世了，我無法參加他的葬禮，而我的克普奶奶傷心欲絕情況不樂觀。

她進了洛杉磯一家大醫院，那裡真的很大，大到清潔人員來來去去是溜直排輪。

她住在一間 30 人的大病房。

一直以來我跟奶奶就很親，感情很好。
她不喜歡我的繼母而繼母也看她不順眼，
當然不可能把她留在家裡照顧。
這我可以理解。

去看她的時候我穿著軍服。我們外出時是不
能穿便服的。當然，她很高興能見到我，但
是她神情哀傷，如同瀕死的人會有的表情。

她努力跟我聊了一會兒。

你有沒有看到那個女的，站在那邊，
病房門口那裡，靠近第一張床那個？

有。

那你有沒有發現她是雙性人？

真的嗎？

我驚訝她竟然知道雙性人這個詞。

我從來沒見過這樣的人。

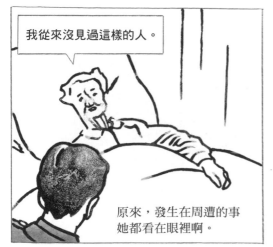

原來，發生在周遭的事
她都看在眼裡啊。

沒多久，奶奶就去世了。
她一輩子都活得很辛苦，
不過這是另個故事了。
我把她的訂婚戒指留作紀念。

現在我戴的結婚戒指，
就是把她那一只的戒圍改大而來。

那次我去找了瑪塔，還跟艾吉兒出去。
我們去看了《亂世佳人》。

我的繼母氣壞了。

就跟你說不准看這部電影！裡面一堆髒話，而且裡面的人到處隨便找人上床！

話說回來，她明明不是那麼虔誠的清教徒。這人個性古怪──我只能這麼說。

你到底在想什麼，我看了一部電影，覺得好看，就這樣而已，閉嘴啦。

小時候我很聽她的話，後來自然而然，她的話都成了耳邊風。

可是我們其實很聊得來。因為我是個個性溫和有教養的孩子，也很高興父親有人可以作伴。所以我對她很好，比她對我還好，這是確定的。

至於第二次休假，我運氣不錯；在上戰場前夕的大演習之前，抽到放假許可。

我搭的第一班火車，得像電車那樣揮手才會停。還好有它，我才能抵達另一個車站，坐上往南開往加州的列車。

那段旅程很累人，因為當時是冬天，火車上沒東西吃，旅客到處亂睡，走廊啦、行李網架都有人躺著。我能有個位置坐，簡直是奇蹟。

火車上沒有任何餐車服務，不過停靠某些車站時，月台上會有人賣三明治、可口可樂或咖啡等等，我們就從窗戶探出來買。

我的座位靠近走道，打死我都不起來，除了上廁所外，而旁邊旅客也會幫我看著。

倒數第二天，我上完廁所時，看到一個人掛在窗戶上，只剩下腳還在裡面。他正要跳車，根本就是自殺行為！

還好他個子很小，我馬上抓住他把他拖進來。

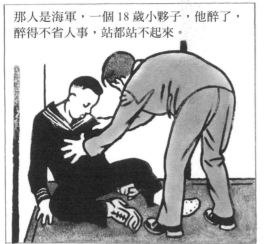

那人是海軍，一個 18 歲小夥子，他醉了，醉得不省人事，站都站不起來。

我把他揹到我的座位，整整一天一夜，都讓這個陌生人睡在我的腿上。

隔天早上，他總算醒過來了。

我怎麼會在這裡？

啊！你把我弄痛了！

什麼話，我弄痛你？我才沒有對你怎樣！

啊，是我的梳子……

他的梳子一直卡在他大腿，這我怎麼可能知道。

我怎麼會在這裡？

呿，你什麼都不記得了？

不記得。

洛杉磯站到了，我很高興看到我父親、繼母卡洛琳和她的爸媽，大家都在等我。

我就這樣愜意地度了幾天假。去找了朋友，澤迪克家，也就是艾吉兒的家都去了好幾次。

我繼母的爸媽跟艾吉兒住在同一條路上，幾乎是面對面，他們不喜歡澤迪克這一家子，無法接受我竟然跟他們往來。

這實在毫無道理，只因為他們以為澤迪克家的風評不好。

根本沒有這種事。

總之，很快到了離別的夜晚，我家人陪我到車站，澤迪克一家也來了。

結果我家人一見到他們，臉色就沉了下來。

他們連跟我再見都顯得勉強，只因為我朋友的出現讓他們十分不悅。

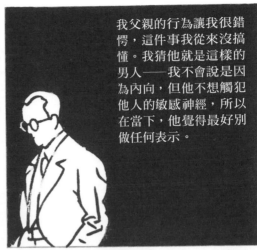

我父親的行為讓我很錯愕，這件事我從來沒搞懂。我猜他就是這樣的男人──我不會說是因為內向，但他不想觸犯他人的敏感神經，所以在當下，他覺得最好別做任何表示。

朋友們依依不捨跟我道別，而我家人卻很冷淡。最後，是卡洛琳走到車門前，再次擁抱了我一下，跟我說再見。

我非常驚訝，而且身為克普家的人，我很生氣，這根本是種侮辱，讓我氣得跳腳。

我一滴眼淚也沒掉，犯不著你們擔心，但我對自己說：「太誇張了，連親情也可以這麼虛偽，一定是假的。」

我寫了一封信，用嚴正沉痛的字眼，直白告訴他們我的想法。

怎麼回事？這可能是你們最後一次見到自己的兒子，他可能會死在戰場上，而這就是你們的反應？你們真的讓我很失望。

我還寄了副本給其他人。大概是這樣，當我赴戰場時他們也很少寫信給我。

我真的非常、非常生氣，

但是我想算了，

我不在乎，

這是**我的冒險**，

我的戰地冒險，

而我不想自暴自棄⋯⋯

因為你知道嗎，之於我，

既然**必須**上戰場，

我總是告訴自己：

我要把它當作是一場冒險，

我不會退縮，

我不會說這場災難只關乎個人，

我跟其他人一樣，

而可能是這樣所以我從來不覺得害怕。

很奇怪吧，

打仗的時候我從不害怕。

我老早吃了定心丸，

該來的就會來。

12

一休假回去，我馬上加入演習兩星期，我們那一營早就在現場了，歸隊之後我一個人坐在補給車後面。我覺得，所有人都覺得，即將要上戰場了。

之前我便學會操作一種很特殊的武器。
幾乎沒有人能夠用這種武器打中目標，但是我可以。

這得用小卡賓槍，我們先在槍管安上一種槍榴彈，這主要用來攻擊戰車。
而且效果很好哩，是殺傷力極強的武器。
但問題是怎麼操作。

我們會坐在地上，盤腿、拱背，收尾骨。

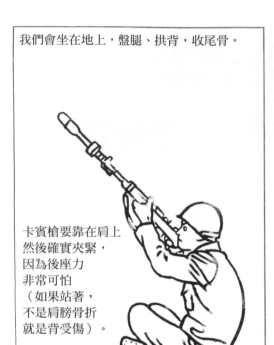

卡賓槍要靠在肩上
然後確實夾緊，
因為後座力
非常可怕
（如果站著，
不是肩膀骨折
就是背受傷）。

沒有特殊的瞄準器，只能大約估算。

我們會朝空中發射，
因為這玩意兒
很慢才會引爆，
而顯然它的路徑軌跡
也不會是直的。

榴彈朝空發射出去後，會形成一道拋物線，
接著應該要正中戰車。

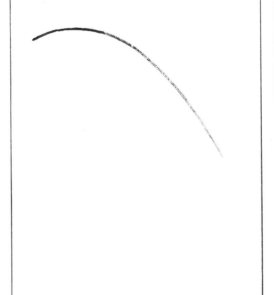

發射時，整個人會瞬間因為後座力往後倒，
我們會翻個跟斗重新坐起來。當然，槍要緊
緊抓住不能放手。如果一切動作確實，自然
不會有什麼問題，否則就會受傷，這樣你有
沒有一點概念了？

演習的時候總是會拆成敵我兩隊。因為我表現不錯，於是被分派去排除一輛戰車，照理，它會突然從樹林中穿出。

因為兩個原因我踩到了殺傷地雷：第一，我全神貫注在即將出現的戰車上，無暇顧及其他，儘管埋在草地上的線其實很明顯。

第二，我一直都有辨色障礙。他們布的線是紅的，但布在綠色草地上我根本看不清楚。

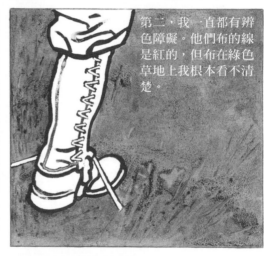

於是，假地雷爆了，我也算是掛了。

我羞愧得無處可逃，試著想道歉，但在軍中可沒有你道歉的餘地，觀測員暴怒。

克普！這下你死了，接下來我們怎麼辦？

71

我們聽到戰車逼近了，他火速跟長官商量之後說：

算了，就當作你只受了輕傷，還可以繼續執行任務。

坐下，一旦戰車完全暴露就發射。

我告訴自己：一定要命中。

然後我成功了，正中紅心。

當然，榴彈沒有爆，只是咚一聲打中裝甲。

呼。

演習期間我們吃很少，我瘦了一大圈。

某天晚上有個同袍說：

昨天我在樹林裡閒晃，遇到一個住
在木屋的伐木工人。我們等一下過
去的話，他可以弄點吃的給我們，
有不錯的牛排，而且不貴。

在軍中我們從沒吃過
真正的好牛排。
我就更不用說了，
這輩子還沒吃過。
我家向來只會買些
便宜的食材，
絞肉之類的。
於是我也跟去了。

我們在林子裡走了好一陣子，總算抵達伐木
工人的住處。
那屋子感覺是一世紀前留下來的。

我們進到一間相當簡陋的廚房，
吃了美味的牛排加上好喝的咖啡。

我應該是付了
半塊美金吧。

13

回到營區之後，龐雜的行前準備開始了。
因為我們在東岸，又是裝甲部隊，
所有人老早就猜到我們的目的地應該會是歐洲。

我接獲通知要擔任砲手，因為原本的砲手
生病了。

為什麼是
我？

因為你的資料顯示，每一
次測驗你都正中目標。

我很開心能擺脫
吉普車和巡邏兵
的位置。

我是所謂armored car上的砲手，也就是「裝
甲偵察車」，外型和戰車很像，不過是輪
式的。

車上配置的火砲主要不用於攻擊，不過砲管
很長，而且也算粗。即使沒使用，每天也都
要清理。

讓我驚喜的是，
車長竟然是好哥們約翰・馬克。

嘿，克普，出發之
前你最好可以試射
一下。

當然囉，目前
我只做過模擬
而已。

於是我們花了半天的時間，
在射擊場練習。

他下達命令，我跟著執行，
默契不錯。

車上的通信兵叫庫利克，
是個猶太裔紐約人，
他爸媽經營一家熟食店。

波斯基是駕駛，從他的名字就知道他來自
波蘭。入伍之前，他是運送矽藻土炸藥
（dynamite）的卡車司機。

之後我們還會常常提到他們。

終於要出發了。我們總共出發了 3 次。每次
都是真正打包上路，但是沒有上船又折返營
區。這是美軍的機制，目的是為了讓阿兵哥
習慣那種緊張感。

的確，到了第 3 次的時候，所有人都說：「喔
拜託，別再耍我們了，希望這次是真的，不
然每次都要整裝卸裝實在太累了。」
然而這次是真的出發了。

我們不曉得要去哪個港口，
目的地究竟是哪裡。
總之，我們來到了一艘巨大的郵輪面前，
全員上船。

馬克和其他人都不在這裡，
身邊的人我一個也不認識。

這原本是一艘義大利豪華郵輪，被美軍接收後，徹底改裝用來載運部隊。

這艘郵輪相當大，
看來應該有 6、7
層甲板。

船上到處都是帆布床，不是雙層就是 5 層，
其間只有狹窄的走道可以活動。

有人說這船足足載了一個師，大約有 1 萬人
吧！反正人真的很多就是了。

當時是 1945 年 2 月，大西洋上的暴風雨未曾停歇。

船晃得很厲害，幾乎所有人都病懨懨的。
只有我和少數幾個人仍然生龍活虎。

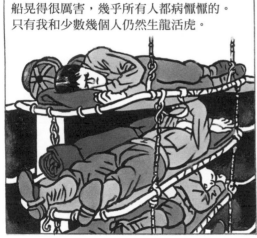

所以我們想幹嘛就幹嘛，
因為那些士官也暈得
很慘，根本沒空理我們。

船上到處都有 200 升的大油桶讓大家吐。
多數的人都沒食欲，所以我們吃得可好了。

伙房可捨不得浪費那些好食材，於是把最
好的部位都留給我們，天天吃牛排！

至於在顛簸的船上要怎麼吃飯，可就值得說一說了。船上有用餐專屬的空間，桌子很大、很高，因為我們是站著吃。

這些桌子表面鍍鋅，桌緣各加高 10 公分左右，真是謝天謝地！

因為暴風雨這麼大，要是盤子沒抓穩，它會直接滑到另一頭去。

桌上絕對不能放杯子，裝滿水的話也不能拿著，必須馬上喝掉，接著把空杯掛在腰帶或拿在手上，不然一樣是災難一場。

我的臥鋪上頭，睡著一個大概 150 公斤重的傢伙。

只要他在（基本上他都在，因為他暈船暈得厲害，很少起來走動），我就無法進去睡，睡進去也出不來，除非先把他叫醒。

基於禮貌他都會起來，但難免心裡不爽，因為他真的很不舒服。

帆布床被他的重量壓了下來，兩邊的支撐鍊都擠成一團。我整個人躺著的話空間差不多剛好，當然也可以勉強翻個身，但就是被困在裡面出不來。

我還挺喜歡睡在下鋪的，所以湊合一下也就過了。

有一天，我在船的另一側看到一個傢伙，他一人獨享雙層臥鋪，所以還可以坐在床上。

他帶了撲克牌，一個人在玩。

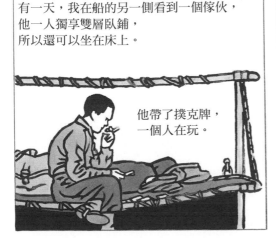

你運氣真好！我就沒辦法坐在床上。

我把自己的遭遇告訴他。我跟多明尼克・東多納就是這樣認識的。

他看起來像個義大利人，陽剛氣息重，談吐文雅有教養，有自信，企圖心也強。

我們成了朋友，早中晚都碰面。分享彼此對音樂的心得。他拉小提琴，接受徵召之前組過四重奏。

他在牌桌上怎麼玩怎麼贏。這傢伙很慷慨，所以常常請我。

我不玩牌，就算下去玩也不會贏。我有自知之明。

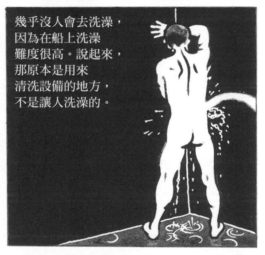

幾乎沒人會去洗澡，因為在船上洗澡難度很高。說起來，那原本是用來清洗設備的地方，不是讓人洗澡的。

牆上有根管子，四周完全沒有什麼可以扶，牆壁跟地板滑溜溜的，甚至有點黏。

所以要兩個人一起合作。一個卡在兩個牆面一角，另一個幫忙沖水。

哈哈，處境真是糟透了。

我喜歡暴風雨。

到外面去是被禁止的，但是我們發現有一扇門沒關好，從那裡走出去有個小小的瞭望台，下面即是驚濤駭浪。

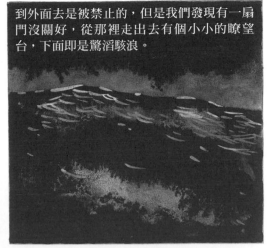

於是我跟多明尼克對所有人絕口不提，偷偷跑出去欣賞暴風雨。

清晨，浪濤極為洶湧，如果我們的船剛好在浪谷凹處，便會透過浪壁看到日出。

映在浪上的色彩真是無與倫比。

在航行途中，我們依然處於服役狀態，一天有人來通知我：

克普，你被升為一等兵。

喏，這是你的臂章。你那邊有針線包嗎？

有。

那好，馬上把它縫上去。

都多久了！我的薪水總算稍微高了點，要買巧克力、可樂和菸也容易多了。

當軍人賺得很少啊～

某天大清早，突然有人來通知我們：「下船啦！」所有人在碼頭集合。

卸下裝備的過程相當有效率，我們一刻也沒耽誤。喔應該說是「一堆」裝備，又多又重簡直難以想像。

正常來說，一個人沒辦法扛這麼多。有些要用卡車載，但是現場沒有卡車。中士一聲令下：

帶上你們的裝備，跟我走！

我們到了法國。就我所知應該是勒阿弗爾港[4]，當時整個城被炸得體無完膚。

早在抵達之前，我們已見識過戰爭是怎麼一回事。當然，那時德國人離我們還很遙遠。

路況很不好，左右兩邊的建築幾乎都被炸光了。

這麼多裝備任誰也撐不住。我們企圖抽掉一些東西，但被禁止。

中士不時喊暫停，好讓我們喘口氣。就在我們歇腳的時候，走在我旁邊的史丹利說：

嘿，克普！我們會記住這一天的，2月19日！

今天是2月19？

對啊。

4. Le Havre，位於諾曼第，為法國僅次於馬賽的第二大輸出港。

83

14

就這樣，我在 1945 年 2 月 19 日，也就是我滿 20 歲的那天，踏上了法國這片土地。

我們一群人擠在 40/8 篷車裡頭。一款老舊的木製車廂，附有拉門，構造相當簡單。

40/8 的意思是可以容納 40 個站著的人或是 8 匹馬。可不是用來載 40 個躺著的人。至於馬，你知道牠們可不會躺著。

我們待在車廂裡等了好一陣子，終於，火車緩緩開動了。沿路的風景不是太迷人。

滿目瘡痍。

有幾次火車行經壕溝，我們從車門往下看，但底下只剩鐵軌沒有路，連枕木也沒有。火車還是照開不誤。

火車還滿常停下來的，好進行「Piss Call」，就是叫你去撒尿。所有人下車，該幹什麼就幹什麼，野地解決。

天黑了，我們在某個地方停了下來，兩邊是很高的牆，上面寫著巴黎。

巴黎！

我們快到巴黎了！

我們要去巴黎！

太棒了！

火車就停在兩面牆之間，所有人嚴禁離開車廂。

我有的是時間研究那面牆
因為我們幾乎在那裡停了一整夜。
那是一面黑色的牆，有點年代了，
上面滿是煤炭煙燻的痕跡，
石頭砌成的牆面上寫著：

PARIS

用的是白漆，
一看就知道是用很粗的刷子快速寫上去的。
（我之所以說「快速」，是因為那些石塊的
砂漿縫隙都沒吃到白漆。）

而且，在我記憶中，我總忍不住把那面牆的樣子
與小盧跟我說的話連在一起，
戰後我到新澤西找他時，
他說他是第一批進入自由巴黎的美軍之一。

那舉國歡騰的場面真是不得了。然後阿蘭
你知道嗎，我在那裡徹底享受了性，嗷嗷！
我不停地做愛、做愛、做愛，簡直是太瘋
狂了！我的天，我到底做了多少，實在太
美妙了……

至於我呢，我被困在那篷車裡。大家互相協調想辦法歇一會兒，輪流躺或是一個疊一個睡。

然後，
火車再度開動了，
卻是往反方向駛去。
我們見到的巴黎除了
那兩面牆之外，
別無其他。
我記得高牆附近是乾枯的
河床，靠近某個車站，
但我始終不曉得是哪一站。

所以，
其實我們只是到巴黎換軌，換條鐵路，
接著另一輛火車頭便來
把我們往回載，
如此而已。

最後，我們在隔天抵達了古奈翁布列，
位於諾曼第。

15

我們在諾曼第紮營兩個月，因為軍隊把我們的武器和
車輛都搞丟了。

有人說：「聽說他們也不曉得我們的車在哪，那些車
本來應該跟著我們走，結果開到別的地方去了。」

我們的裝甲偵察車、吉普車、大砲、機關槍、巴祖卡火箭筒、迫擊砲，在轉運時
都出了差錯。我們根本沒有武器，只剩軍官有手槍；至於車子，連個影子都沒有。
卡車是有幾輛，但實際上也不是我們的。

完全呈現一種荒謬至極的狀態。

在這，我跟馬克、庫利克、波斯基又碰頭了。我們跟另一輛車的組員住在一座農場後面，就在穀倉的樓上，那裡有兩頭牛。這超棒的，因為牛會散發溫暖的熱氣。

農場的農活很少，因為這裡小貓兩三隻，哪來的人幹活。

我們住的穀倉旁邊有間小農舍，裡頭只有一個房間，附有壁爐、沒有窗戶，就充當士官指揮部。而上尉住在較遠的另一座農場。

於是，我們相對獲得了兩個月的休息時間。那段日子也真夠無聊了。每天不外乎是行軍、跟著研讀軍人手冊。我會找人聊天、四處走走。

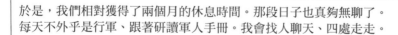

多明尼克的小隊駐紮在另一頭的小山谷。這傢伙實在不耐走，所以我經常過去找他。

上頭告誡我們要提高警覺，因為處處都有敵人，也不要跟當地居民過分熱絡等等。這主要是為了訓練我們，以防到時進入敏感區域。

要知道在那個時間點，美軍才剛越過萊茵河。而法國境內還有德軍。比如小盧，他就在慘烈的「battle of the Bulge」（突出部之役）中被俘虜。這起德軍對盟軍的突襲包圍，就是你們法國人所謂的亞爾丁之役。

不過我不太管長官說什麼。我趁著天黑穿越森林，去找多明尼克，隨身帶著我爸給我的一把刀。那刀很長，可是絕品好貨。我把它插在軍靴裡，獨自走過山谷。

從來沒遇過半個人。

總之，我挺快就跟多明尼克碰頭，
然後我們會一起去古奈。

古奈鎮就像個死城，你也很清楚，法國並非
處處都是廢墟，但處處都遭到了毀損。當時
還沒有什麼資源能夠進行重建。

多明尼克繼續贏他的牌，而且常請我到一間
小咖啡館吃頓飯。那小咖啡館早料到招呼美
國大兵會有賺頭。

那裡沒什麼吃的，不過，我可是在那裡才
第一次嘗到蒸餾酒的滋味。

也是在那間小店，我頭一次看到那種廁所：
一塊長木板上面挖了相鄰的兩個洞，需要的
話男人和女人都可以去用。

多明尼克在古奈鎮上有個曖昧的對象，名叫
米米，長得很漂亮。只不過，多明尼克在美
國已經訂婚了，不想涉入太深。他跟我說：

阿蘭，我一定得去
找米米，雖然去了
蛋蛋會脹得很難
受。

所以我會陪他去，要是他
自己一個人，一定會受不
了誘惑。

多明尼克介紹他的朋友法蘭西斯給我認識，
他比我們稍微年長，我對他頗有好感。
他相當喜歡古典樂。

法蘭西斯認識一個剛出道的年輕演奏家，
叫做莫妮卡・德・拉・布呂修勒希[5]。

他帶我們去拜訪她，
她家在古奈的郊區。

莫妮卡實在很迷人。她因為戰爭到其他
地方避難，那時才剛回去不久，
重拾她的鋼琴。

麻煩您，為阿蘭彈個
幾曲吧。

我很樂意，不過你們也知道，我已經很
久沒彈了，還沒找回手感呢。

她彈起了貝多芬的奏鳴曲。當然，有時她會
卡住重彈，但是她的確彈得極好。

4 年後，我人在巴黎時，從報紙上看到
莫妮卡・德・拉・布呂修勒希的演奏會
消息。

5. 莫妮卡・德・拉・布呂修勒希（Monique de La Bruchollerie, 1915-1972），法國著名鋼琴家，師承菲利普（Isidor
Philipp），年輕時即在國際比賽嶄露頭角。

97

那場演奏會我當然去聽了。她跟 4 年前一樣彈了月光奏鳴曲，然而此次琴聲毫無滯礙，無懈可擊的精采。

那場演奏會的主要曲目是史卡拉第的作品，聽得我如癡如醉，後來我還在家試著彈一點哩。

散場後，我到休息室去找她，我表明身分後，她很開心。

您知道法蘭西斯的下落嗎？我們通了一段時間的信，接著突然就斷了音訊。

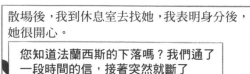

我也沒有他的消息。雖然我試著聯絡過，但聯絡不上。

法蘭西斯是個柔弱的男孩，我常擔心他會不會是病倒了。

其實，我們都不敢說出口，但彼此清楚他也許死在戰場上了。他很喜歡莫妮卡。

總之，就是這樣。我與莫妮卡重逢。每個我珍視的人，我幾乎都再次遇見了他們，而且都是在出乎意料的情況下。

我們在古奈的日子實在沒什麼好說的。
啊，有！我在穀倉有過一次驚險遭遇。

剛才我不是說，我們住的地方下面有牛。

穀倉的二樓非常高，我們進出是從屋頂下方一個小門，架好金屬梯上下。

每個人都用正常的方式上下樓，也就是面向樓梯，除了我以外。
我有點皮，我會用腳跟勾住每一階，背部靠著樓梯順著滑下來。

克普！
你在幹嘛？
這樣很危險！

才不會！我的行動就是證明，而且這樣還有手可以拿東西。

有一天，我準備去洗衣服。洗衣服要自己生火、煮水，放在鋼盔裡洗。
於是我跟平常一樣從小門出去，跟平常一樣沒在看路，一手抱著髒衣服，一手拎著鋼盔。

結果有人把梯子拿走了。

我就這樣踩空掉下去。

落地的撞擊力相當猛，我腳踝痛到想哭，手跟手臂都流著血。

戰爭結束後，軍方頒發「purple heart」，就是紫心勳章，舉凡受傷的士兵都可以領。中士問我：

克普，你沒有受傷嗎？

沒有。

連抓傷、劃傷之類的都沒有？

啊，有！

我把樓梯事故講給他聽，他說：「噢！這值得給一顆紫心！」哈哈，我的勳章就是這麼來的。

我想先快速形容一下馬克、庫利克和波斯基，再講我們從古奈拔營以後的事。

很多人看到馬克會叫他「約翰」，或是「馬克」。雖然我很可能是軍中跟他最熟的，但我從頭到尾都叫他「馬克中士」。我認為這是一種尊重。

他知道在任何情況下都可以信任我，而我想他欣賞我這種禮貌的態度。他是個相當豪爽的傢伙，當年應該 25 歲吧。戰爭結束後，我們通了幾次信，連他妹妹我都寫過信，只是後來就失聯了。

我們喊駕駛員的時候，都是喊他的姓，我十之八九可以肯定，他姓波斯基。

我還記得，馬克因為他來得不夠快而必須大聲喊他時，總是扯開喉嚨：「嘿！波拉克！」

然後波斯基每次到的時候就會說：「馬克，我叫波斯基！」

當然，他父母都是波蘭人，他也會講波蘭語。沒當軍人之前，他平常就是卡車駕駛，專門運送矽藻土炸藥。當年他 23 歲，又小又瘦，但是一身肌肉，藍色的眼珠，一頭金髮，「dishwater blond」，所謂的雜金色。他不是太聰明但脾氣很好，看得出來吃過苦，整個人有種疲態。

庫利克，通信兵，他是紐約猶太人，大概 22、23 歲左右。

他身材適中，稍微有點胖，短髮又黑又直，鬍子刮得很乾淨，但還是看得到鬍渣。雙手算厚實，毛茸茸的，人非常和氣。他爸媽在紐約開了一家熟食店，賣些食品雜貨之類的，給他寄了一箱又一箱包裹。因為他爸媽跟他的緣故，我們吃得跟國王一樣好。

馬克頂頭有個「上士」，負責統領 3 輛裝甲偵察車，我們就是其中 1 輛。他叫庫巴塞克。

庫 — 巴 — 塞克。

他個子高，不是很壯但體格好，栗子色的頭髮、大眼、講話有點激動，不理性。

大家不是太喜歡他。

好啦，形容完畢。

某天，我們的車子總算都到了。
簡直是一團混亂，因為全部都要洗一遍。

所有的金屬裝備都裹了一層又硬又厚的「防鏽脂」。這種塗層用來保護東西免於運送過程中的損害很是便利，但要把它去除實在令人頭大。

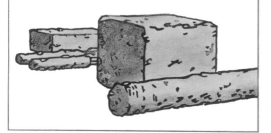

我們用汽油或燃油來去除防鏽層，擦著擦也就掉了。所以有些人便負責替軍備「去防鏽脂」這苦差事。

我只分配到一次，感謝上帝，那工作實在是讓人倒胃口。

50 機槍，一款附有握把、要放上我們偵察車的重機槍，這槍的防鏽脂是由某個叫克洛斯的傢伙去除的，我對那個下士沒半點好感。

一個只會占人便宜的傢伙。

那一天，我們穀倉附近那間小農舍起火了，火勢相當猛烈。當時值班的是克洛斯，他給出了一個解釋，我忘了是什麼。
總之，他是個騙子。

好啦，一行人總算上路了，結束了閒置的兩個月。
我們度過了作夢也沒想到的一段日子，就這樣，無所事事。

但終於開拔仍然讓大家挺高興的。

而且，接下來的旅程真是太精彩了。

16

那天應該是 4 月 8 日吧，或是 4 月 15。
放眼望去一片陰沉晦澀，冷得不得了，
明明老早是春天了。

我們走的都是鄉間，從來不走大馬路。
我樂得居高臨下從砲塔欣賞沿途的風景。

我彷彿正在閱讀一本寫給孩子的歷史故事書。
我們英文裡有個詞是「quaint」，
意思就是如詩如畫、古怪、奇特。

對當時身為美國人的我來說，一切是那麼「quaint」。

我見識了歐洲的小村莊，
我們美國沒有這樣的村莊，好迷人。
夾道有成排的樹木、田地、農場，
從窗戶望出去的風光都不一樣，
讓我著迷不已，你明白嗎？

我真沒想過我遇到的戰爭會是這番景象。
有些人花了大錢到國外見識，我呢，從我站的砲塔四處望去就是了，
儘管當時還在打仗，每天經歷的卻都像是場貨真價實的旅行。

沿路的蘋果樹上，不時還會看到幾顆去年秋天的蘋果，而我的樂趣就是經過樹下時隨手摘個一顆。

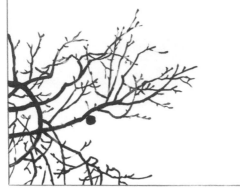

戰爭留下了它們的痕跡，驚擾了一切，許多物事因而損毀。整體而言，這些村莊都慘澹淒涼，但我們看得出來，只要它們戰後重建起來，一定會很美。

波斯基呢，因為從前那份工作的緣故，像是「daredevil」附身，天不怕地不怕，開車上路完全難不倒他，還發明一種遊戲。

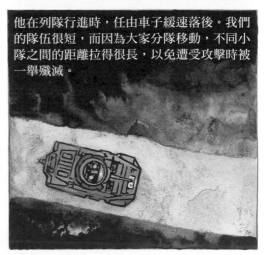

他在列隊行進時，任由車子緩速落後。我們的隊伍很短，而因為大家分隊移動，不同小隊之間的距離拉得很長，以免遭受攻擊時被一舉殲滅。

我們小隊有 3 輛裝甲偵察車，而我們剛好在中間，逼得第 3 輛不得不放慢速度。他們的駕駛被惹得很毛。

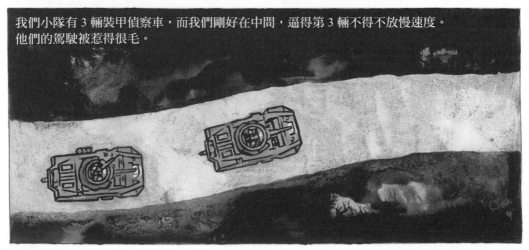

進入下一個村莊之前，
波斯基已然遠遠落後，
接著他會突然加速。

這一型裝甲車時速可達 80 哩，
也就是說至少可以加速到時速 110 公里，這車很猛的！

我們全速駛入村莊。

那是我們經過的其中一個古
老村莊，還未經歷都市規
畫，沒有筆直的馬路也沒有
人行道，村裡的轉彎不少。

波斯基的遊戲就是貼著牆面左右蛇行，距離抓得很近，
剛好刮掉一點牆面的灰泥。

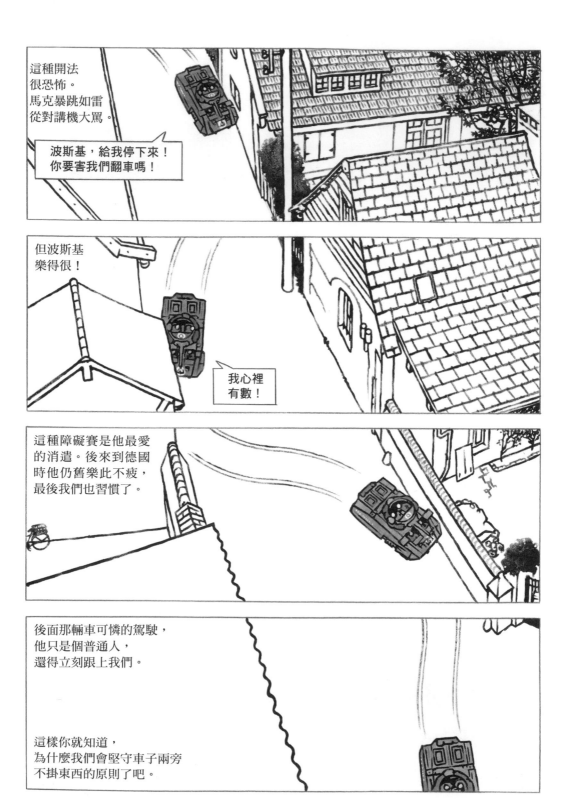

這趟旅行的第一晚，就跟後來大部分的夜晚一樣，我們就地紮營。說到紮營讓我想起一件事。

在美國，跟法國聖西爾同等級的軍校就是西點，

據說在上個世紀呢，那些未來軍官的培訓課程，

似乎有一部分是採法語教學。

而且英美許多軍用詞彙幾乎都來自法文或拉丁文。

像是軍階裡面的將軍（général）、上尉（capitaine）、中尉（lieutenant）、

士官（sergent）等，講法都跟法文一樣。

美國沒有義務役，從一次世界大戰以來也不曾實施徵兵，

所以像我們這種年輕的士兵，對軍中用語根本毫無概念。

我第一次聽到：「今晚我們要 bivouaquer（紮營）。」就是在新兵訓練的時候。

當時我想：「我的天，我們要幹嘛？」

每天早上有起床號，鬧鐘的英文寫法是「reveille」，讀做「revelly」。

因為童子軍活動的緣故，幾乎所有人都知道，

但是我們並不曉得「revelly」就是法文的「réveil」。

同樣地，我在當兵的時候才知道 latrines 這個來自拉丁文的字是指廁所。

在平常百姓的生活裡，說到廁所誰會用 latrines，

大家都講 toilettes 啊，不是嗎？

類似的例子有一大堆。

總之，第一晚我們就在法國某個偏僻的角落紮營，我完全不曉得是哪裡。
反正絕對沒有遇到德軍的風險就是了，但當然還是要有人守夜。

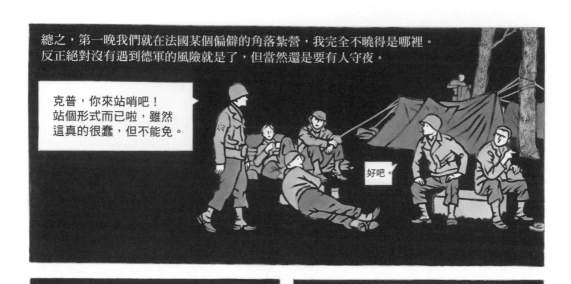

克普，你來站哨吧！
站個形式而已啦，雖然
這真的很蠢，但不能免。

好吧。

你到那邊去，要不靠近壕溝也行，
隨你高興。過一陣子，等到所有
人都睡了，你就跟著去睡，就睡
壕溝吧。

我寧願你去睡，不用管這蠢暴了的規定。
再說，我們附近還有很多部隊。

那條壕溝很長，也夠深。很顯然是這一帶的農夫近期才挖的，好貯存些春天的雨水。
他們在裡面堆滿了石頭，以免雨水沖塌溝壁。

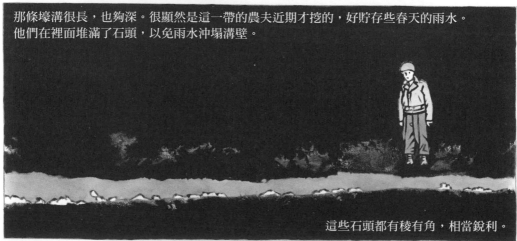

這些石頭都有稜有角，相當銳利。

好啦，想像一下我可是度過了美妙的一個夜晚。第一，我很累了；再者，我發現只要稍微留意，就可以調整位置適應石頭不同的形狀，我睡得可香甜咧，真是沒想到。

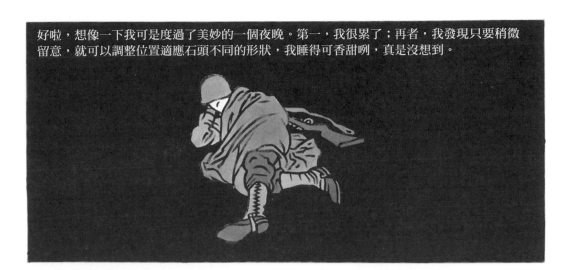

很快地，我們進到了戰區，來往人車相當密集。

不同的部隊從左邊來、右邊來，我們遇到前線回來的士兵，他們顯然已身經百戰，真的。一路上人車擁擠，但還是可以照常前進。

隔夜，
我們徵用了一間小農舍。
那個法國農夫
住在另一間房子裡。
而我們打算在那間
有壁爐的飯廳
鋪睡袋打地鋪。

我們跟農夫要點柴來燒。

沒有木柴了。

我們很失望，因為說實話，開了一整天的車又淋了雨，我們很冷。

於是其中一個兵指著他花園的籬笆，那是用木柱加上鐵絲圍起來的。

他聽不懂英文，但他知道我們的意思。

不行，不能動我的籬笆。

飯廳裡有張木桌和兩只木椅。我這同袍就走往桌子，開始拆椅腳。

農夫一看這情勢，馬上跑到外面去，自己把籬笆的木柱拔了起來。我們找來工具剪掉鐵絲，生了火。

這行為的確不太好，但現實就是如此。我沒有參與其中，不過我承認我也在壁爐邊取暖。

接近萊茵河時，我們開始煩惱起一件事：我們的砲塔上沒有機槍軌道。這麼一來即無法架設機槍，而機槍是這種裝甲偵察車唯一有力的武器。

馬克非常地擔心。

你可以想像那些蠢蛋只給我們卡賓槍和這沒用的砲，就把我們送上戰場嗎？

接著那個晚上，部隊的士官都集合在一起。

好，各位，我們必須替庫巴塞克小隊找到可用的軌道。稍晚我們來進行「midnight requisitioning」吧。

所謂的「midnight requisitioning」，就像字面上顯示的，指的是半夜出去搜刮我們想要的東西。

換句話說，就是用搶的。

於是，有人帶著軌道回來了，他們的說法是從敵軍一輛裝甲車上幹來的。

大家把軌道裝上砲塔、架好機槍，這下感覺好多了。

隔天，在持續不斷的前進再前進當中，我們抵達了萊茵河。

17

河的另一頭，便是德國。

我們必須穿過一座看起來很窄的浮橋。

事實上，對我們這樣的裝甲車來說，這橋的寬度真是剛、剛、好。

總算，我們順利過河了。

我想，我們抵達的地方應該是巴登符騰堡邦一帶吧。老實說當年我對地理一竅不通，完全就是個無知的小毛頭。

而在萊茵河和捷克斯洛伐克的皮爾森之間，你可聽好了，**我們沒穿過這之間任何一座大城。**
也就是說，我們不真的走在主要道路上。
我很喜歡沿途的風景。我們企圖尋找村莊的名字，但除非有標示。
那些村莊名多半都以 hausen 之類結尾。

早先幾次在德國紮營時，我遇到一件恐怖的事。你知道軍中就地紮營的時候，大家會挖一條溝權充野戰廁所，之後要離開時，再用土把它填平。

這苦差事落到我頭上，
於是我挖完之後順便上了個大號。

我蹲著的時候，小雞雞被蚊子叮了一下。

被叮的部位馬上像吹氣一樣，腫得很可怕，超級難受還脹得很大。我束手無策只能等它消下去。

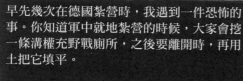

這足足花了我兩天時間。害我走路的時候痛不欲生，因為它會卡在大腿中間。

我想最好還是不要繼續形容下去。

我應該講一下戰爭期間我唯一一次發射砲彈的經歷。
有次，我們正好在荒郊野外，然後耳邊傳來此起彼落的槍聲。

我們不清楚自己是不是被攻擊的對象。
有幾次砲火離我們很近，但較猛烈的攻擊又
感覺滿遠的。

我們發現農場裡有人到處奔走，像在準備著
什麼，但是他們沒有開槍。所以我們也沒向
他們發射。

更遠處的田野中央有間很小的屋子，
馬克中士說：

克普，那棟小木屋很危險。是藏放
武器裝備的絕佳地點，不能讓它留著。

那要怎麼處理？

你用大砲把它炸了。我們等一下乾脆先停下來，行進間要轟炸難度比較高。

於是我們很快開始動作，馬克下指令，我負責瞄準，然後……

轟！
正中目標。

房子算是倒了。我不曉得裡面有什麼，總之裡面沒人，人都在農場那一頭。

嗟

我們很滿意，大砲運作正常，我的準頭也一直都在。而這顯然就是馬克想確認的。

過了一會兒，我們真的遭到來自高處農場的砲火攻擊了。

好吧，我們繼續打。

這次不用大砲，用機槍。

我用機槍射擊。我們裝的子彈中有曳光彈，你知道那是什麼嗎？每 5 到 10 發子彈裡就有 1 發是曳光彈，發射出去會拖著一條光芒，好讓我們看見彈道。不然的話，我們根本不曉得子彈打到哪裡去。

我往農莊的院子掃射，而在高處，砲火仍持續，只是不再有了彈往我們這邊飛來。

突然，機槍卡彈了。

克普，怎麼了？

靠我怎麼會知道！

真叫人難以相信：我定期拆裝，給它清洗、上油，我把它保養得很好啊。

於是我們先找地方躲起來，把機槍拆解、檢查，發現槍機斷成兩截。
所謂槍機，就是會前進後退，可以進彈和拋彈殼的部位。

斷成兩截！
我們從來沒遇過這種事！

119

機槍完全不能用了。
馬克怒不可遏。我們再度上路。
幸好,接下來的日子都不必發動攻擊,
因為我們很慢才拿到新的槍機。
老實說,拿到時我們已經用不著了。

馬克心裡隱約懷疑起某件事。
不久之後,他逮到了克洛斯,那個負責替
我們的武器去防鏽脂的下士。

終於,克洛斯跟他招認了整個事情的經過。
你還記得士官指揮部燒起來的時候,他正好
在值班嗎?我們還在諾曼第的時候。

那天因為他沒事幹、沒有訊息要接收,什麼
都不必做,只要舒舒服服窩在屋裡就好,
長官就叫他清洗武器。

克洛斯把槍機放在汽油桶裡,開始去防鏽
脂。為了取暖,他把汽油桶放在壁爐附近。
就是靠得太近了。

所以房子燒了起來，而那可憐的槍機不曉得在起火的汽油桶裡燒了多久。

我們拿走槍機的時候，克洛斯什麼也沒提。烈火使得鋼鐵結晶，以至於機槍啟動沒多久，槍機就斷了。

這件事就夠我把你送上軍事法庭。

看在我們攻擊過程還算順利的份上，這次我就饒過你。只是給我當心點，因為我會盯著你。

克洛斯也有溫順和善的一面，但那些都是裝出來的。你難道沒跟這樣的人打過交道嗎？

在軍隊裡，什麼牛鬼蛇神都遇得到。

沒多久，我們抵達了某個村莊，根據我後來對德國的認識，我想是在施瓦本的北邊。

村民全跑到路上，對著我們喊，彷彿在說：「太棒了！」
很顯然他們是為著戰爭即將結束而開心，而不是因為看到美軍的緣故。

在一個小路口，樹影婆娑下有間屋子，有一家子擺出了兩箱白酒，向行經的車子兜售。

在我們前面的士兵防備心很強，沒有買。

| 要買嗎？ | 要。 |
| 萬一酒裡有毒呢？ | 我們總有辦法知道的，不過真有毒我就驚訝了。 |

我們全買了。我們根本沒拿到彈藥補給，全部就 5 或 6 枚那麼點。於是，我們把酒通通塞進空蕩蕩的砲彈箱裡，大小還剛好哩。

我們就這樣存著這批酒，帶有巴登風味，相當好喝。也讓我得以延續從諾曼第開始的品酒練習。

在加州的時候，我就喝過那麼一兩杯而已。而且喝的還不是什麼好酒。

似乎也該談談我們的伙食了。
首先，我們有配給的軍糧，
就是所謂的「K口糧」。
它的外型像個錄影帶盒，
不過體積是兩倍大。
這種口糧我們有一堆，隨處亂放。
K口糧外層裹了一種厚厚的防水紙，
就算泡在水裡很多天，
裡面的食物也不會浸溼。

打開這口糧，裡面規畫可巧妙了。
一罐肉醬，沒有法國肉醬好吃，
但總之算是肉嘛；
麵包就用幾塊餅乾代替，
類似船員在吃的那種硬餅乾，
味道不怎麼樣但營養很夠；
一份布丁之類的甜點，
然後一定會有一小條巧克力。

接著，是一包加了點糖的咖啡粉，
冷泡或熱泡都行，只要有水的話。
還有一包果汁粉，
一般來說喝起來有點像黑葡萄汁，
被我們稱作「bug juice」，蟲子果汁。
我從來沒吃過蟲子，
但我猜實際上味道大概就是那麼回事。

另外還有一小包菸，裡面共有3根。
不是什麼大廠牌的菸，但想也知道很受歡迎，
每支菸都捲得好好的，還附火柴。

設計口糧的人可是絞盡腦汁，
努力讓這麼小的空間發揮最大的作用。

我從來沒有嫌棄這野戰口糧。
很多士兵不愛吃，但我每次都吃得津津有味，我胃口好得很。

但當然這跟庫利克家裡寄來的包裹沒得比。我不是說過他爸媽在紐約開熟食店嗎？他收到非常多自家寄來的包裹，我們還不確定每個包裹都有送達呢！裡面的東西簡直是人間美味。

第一，裡面有不少猶太特產，非常好吃，再來就是可以久放的臘腸、相當精緻的肉醬，而且每一種份量都很多，多到我們不曉得要放在哪裡才好。我們把它掛在坦克外面，稍微用布遮著。因為理論上在車外掛東西是不行的，不過大家多多少少都這麼幹。

當然，在這種時候，波斯基進村子就不會大玩貼牆蛇行啦。

我們會停下來用餐，通常是在路邊。部隊車子之間都有一定距離，我們就自己吃，稍微找個遮蔽飽餐一頓，加上我們還有好喝的酒。大家很有節制一餐只喝一杯，這樣可以喝比較久。

當然我們也希望可以大方一點，跟其他車的人共享，但我們想：「總有一天我們會什麼也沒得吃。既然還有辦法帶上這些食物，就繼續帶著自己吃吧。」

在這段時間裡，我可說是什麼包裹也沒收到過。喔，這我不在乎啦。再說，畢竟我跟你講的這些不過就發生在幾個月之間而已。當時可怕的戰爭差不多要結束了，而且郵差很可能不曉得我們移動到哪裡，因為我們執行的根本是一項離奇、令人難以置信的軍事任務。我之後再跟你解釋。

18

我們的汽油太多了，部隊嚴禁用汽油洗衣服，這規定很合理，
不過我們還是照洗不誤。

為了避免軍服聞起來汽油味太重，我們會
把衣服掛在車尾，隨著風很快軍服就乾了，
汽油味也散了。

因此我們總是有乾淨的衣服可以穿，大家都
爽。當然，我們違反了很多規定，但我認為
我們依然稱得上是好軍人。

開車的時間很長，有時兩三天裡只有一個晚上能睡。
疲累和睡眠不足對我們的影響愈來愈明顯，加上緊張或有時是害怕。
我們一路上已經看過很多屍體啦
之類的畫面。

有一天晚上，入夜以後，我還是不曉得身在何處，反正我們在一個住宅區停了下來，附近有不少房子。

這些房子都被軍人占用了，原本的住戶，當然主要是女人和小孩，紛紛帶著棉被、枕頭、披肩圍巾、一些衣物等離開。

他們要去位於較高處的朋友或親戚家睡一晚，把房子讓給我們。

因為我們占用的房子就那麼幾棟，所以是好幾個人睡一間。這麼一來好歹可以睡個幾小時。通常，我們在清晨離開。

我還記得一起住進那棟房子的，還有另一輛偵察車和兩輛吉普車的士兵。
可見人挺多的。

地窖也改成住房了。那個地窖有兩個房間，各有一張大床。庫巴塞克說：

你們 3 個，就睡那邊吧。

127

我、史丹利、和一個叫做路易斯的傢伙。

路易斯是裝甲兵連那 4 輛吉普車裡其中一輛的組員。那傢伙頗下流，但我很喜歡他。
我跟他一組巡邏，他個子高、強壯、很粗魯沒教養，瘋瘋癲癲的。

我們吃飽抽了菸，一心只想睡。但是路易斯搜出了酒來喝，等我們要睡的時候，他已經醉到不行了。

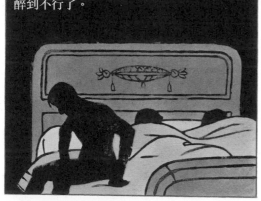

我睡中間、史丹利靠牆。
3 個人都躺好以後，路易斯開始毛手毛腳，他的意圖我清楚得很。

他抓住我，上下其手一副做愛前戲的態勢。

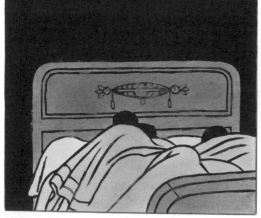

我暴怒，把他推開大罵，結果他說：

幹嘛不，來啦！你這麼可愛！

史丹利也對他的舉動非常不爽，他沒有像我一樣推他，而是毫不留情地譙他一頓。路易斯於是罷手，然後呼呼大睡。

隔天，完全看不出他有任何不自在。關於這件事我什麼也沒跟他提，而且我覺得他根本不記得有這回事。他後來的態度跟之前沒兩樣。

接著，我們的行程愈來愈詭異了。我發覺我們已然超過我們該去的地方了。軍官下令繼續前進，但是他們手上不再有地圖。我們還是往前開。

一路上意外頻傳，特別是在夜裡。數不清的路、橋都被摧毀了，加上戰時我們不開車頭燈。於是很多人就在一片漆黑之中，毫無預警開到路的盡頭，然後噗通一聲，掉了下去。

我們也碰過類似的事，在一條鄉間小路上，想來一定是在巴伐利亞。那個晚上有月亮，我們在「blackened lights」的狀態下前進，也就是拿件斗篷蓋在車頭燈上，中間有條縫透光。我們其實一樣什麼也看不到，但是對向來車可以在幾公尺外看到我們。

當時我們不眠不休開了兩天兩夜，波斯基已經累垮了。

我眼睛會自動閉上，我不能再開了，現在怎麼辦？

馬克對我說：

克普，換你開。

庫利克不敢開偵察車，他技術很爛。

我不習慣開車，尤其是在這樣的條件下，但是我有辦法。
那條路九彎十八拐的，我就跟著前面那輛吉普車走。

突然，吉普車不見了。

我對自己說：千萬別以為你眼花，快停車。

我拿起對講機說：

我先暫停一下，因為吉普車消失了。

怎麼回事，吉普車消失了？

那條路在一個危險的轉彎處有個大洞，
吉普車沒有轉過去，直接掉進了深坑裡。

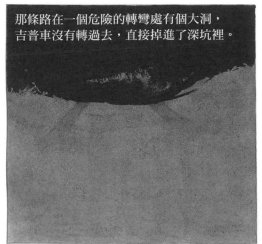

整輛吉普車一頭栽下去，
還好裡面的士兵毫髮無傷，
但他們從底下往上爬的時候
都提心吊膽的，
擔心我們會跟著掉下來，
然後把他們壓死。

如果我不夠機警
沒馬上停車的話，
悲劇就會發生了。

偵察車裝有絞盤，我們用絞盤把他們
救上來，吉普車沒受損，眾人再度上路。

隔天一整天，我們還是持續前進。
這實在讓人想不透，大家七嘴八舌：現在
到底要去哪裡？為什麼要這樣趕路 ？

到了晚上，我們抵達了某處，所有人被叫下車。
竟然不是要讓我們休息！

我們開始巡邏。

上頭跟我們解釋巡邏路線，大家組好隊。
我又跟路易斯分到同一組。我們的車都停在
原地有人看守，巡邏隊伍就這樣出發了。

路易斯走前面，他拿小型機槍，而我拿三腳
架。因為我們有一半時間要匍匐趴下，一個
人無法同時帶上槍和腳架。

緊急的時候，沒腳架路易斯也可以直接使用
機槍，不過槍還是挺重的。一有時間，我會
把腳架扛在肩上，然後我們會把槍直接放在
上面。

我們這一列隊伍頗長，至少有 20 個人。前
進幾步、匍匐趴下，前進幾步、匍匐趴下。
隊長會下指令。

路易斯實在太睏了，每次只要匍匐趴下，
他就立刻睡著，我甚至聽到他打呼。

而要繼續前進時，我就用腳架用力撞他的腳
把他叫醒。

然後，我出現了幻覺。是我人生第一次也是最後一次。

在我右邊，是一片高而綿延的山丘，就像有很多山谷起伏的地區一樣。我看著那片山丘。

有不少炸彈，或可能是德國人的迫擊砲，在遠方此起彼落，照亮了天空。但不至於炸到我們。

突然之間，一座有著壯麗建築、無數的窗都透著光的巨大城市，躍現在山丘上。

只有經歷過的人才會相信。

我知道自己看見了一些不存在那裡的事物。
我親眼看到那些光芒，如同散發自宏偉起伏建築群的光芒。
令人目眩神馳。

然後，我們得繼續前進了。
我強迫自己不要再看那個城市，而它就這麼消失了。

我們仔細搜索了一個破敗的小村子，其中很多房子都疑似藏有德國人。

這任務真的有點「spooky」，神經兮兮、假鬼假怪的。我們必須進入全然陌生的屋子裡，先在毫無照明的情況下搜過一遍。裡面沒人，只有被踩扁的菸蒂和空酒瓶。

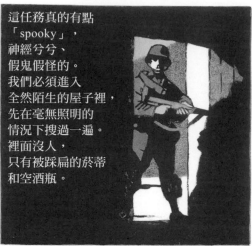

我們下切到一片小樹林，在林子邊緣，看到一隊德國巡邏兵經過。

當時我們共有 4 人，馬克也在。他對我說：

我不懂為什麼我們還要繼續動作。

我也不懂。

先等到日出再說。我們先來挖一條壕溝。

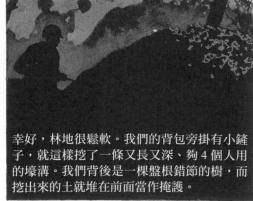

幸好，林地很鬆軟。我們的背包旁掛有小鏟子，就這樣挖了一條又長又深、夠 4 個人用的壕溝。我們背後是一棵盤根錯節的樹，而挖出來的土就堆在前面當作掩護。

你可以想像我們提醒自己不可抽菸、別使用手電筒、要低聲講話。
況且我們實際上根本沒交談。我們決定盡量不要發出聲音，就這樣耗著。

我們等待著黎明，而這等待彷彿永無止盡。我們想盡辦法在黑暗中觀察，
看看另一邊林間的空地是否有動靜。

好幾次，馬克都跟我說：

你沒看到有人在動嗎？
在那邊？

可能有吧。

我想那應該是我們的幻覺。

天終於亮了。那邊半個人影也沒有。

我們回到停車的地方，所有人得回報自己做了什麼、發現什麼，
接著眾人一身疲憊，重新上路。

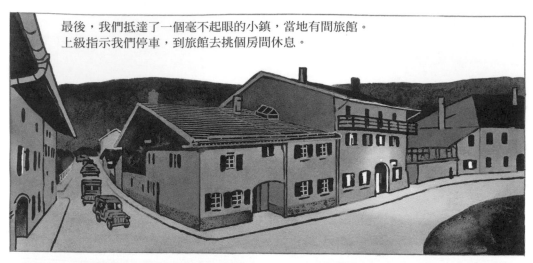

19

最後，我們抵達了一個毫不起眼的小鎮，當地有間旅館。
上級指示我們停車，到旅館去挑個房間休息。

吃過口糧後，所有人都癱在床上，而且相信我，我們都睡著了。

約莫凌晨4點，有個傳令兵過來一間一間喊：

起床！所有人到外面集合！
上車！

他漏掉了
我們這一間。

當所有人已經在下面就定位，庫巴塞克發現我們的偵察車裡沒半個人。

馬克和他的人去哪裡了？

有人上樓找我們。大家難得奢侈穿著短褲睡一回，結果落得拎著裝備、衣物，一邊開車一邊著裝的下場。

我們持續往東前進，而那當下，我們手上真的完全、完全沒有任何地圖。

我們緩慢行駛過一個小村莊時，前面的偵察車猛地彈了起來，原來是壓過一枚地雷。

車子沒有受損，但是硬生生震了這麼一下，害駕駛撞到頭，頭痛、暈眩，昏了好幾天。

這件事讓我們很不爽，決定搶劫村莊報復。幾個伙伴說道：「大家都在搶，只有我們沒搶過，非搶他一次不可。」

我進到了一間屋子，拿走碗櫥抽屜裡的一只錶。其他人也拿了手錶、戒指之類的東西。

幾個月後，當我們加入德國南邊同盟國占領軍時，我被抽中，獲准買一只錶。

我跟小個子肯尼交情不錯,那傢伙的職志是當牧師。我看他沒手錶,就在買了錶之後,把搶來的那只錶送給他,他很開心。

兩天後,我跟他說這錶的來歷,他一聽完就不想戴了,我好說歹說想說服他。

幹嘛不戴?戴上它啦,你是我的朋友,戴啦!

後來他就戴著了。又是一則小插曲。

當然,
這是我在戰爭期間唯一一次搶東西。
我們都是善良的大男生,
對這種事情沒啥經驗,
大家其實是半強迫自己到屋裡搜刮的。
有人覺得很好玩,有人不以為然。
不過,我們時不時從其他部隊聽到,
很多士兵關心的不是打仗
而是搜刮戰利品,
這現象在當時很普遍。
一般來說多半是小型搶劫,
跟居民拿走自己想要的東西。

同樣那一天,我前面提過的同袍史丹利,他是「rifleman」步槍兵,其中一輛吉普車的射手。他們和兩三輛吉普車前去執行一次偵察任務,那次的任務滿危險的。

晚上集合時,他對我說:

我們遇到一件很恐怖的事。

我們走的那條路旁邊是採石場之類的地方，裡面有一支德軍巡邏隊。他們全部背靠著牆、站得直挺挺，嘴巴開開的，死了。

一群人全死了但是沒有倒下，那景象真的很恐怖。他們應該有一定的位階，因為每個人的腰帶上都配了精美的魯格手槍。

諾，阿蘭，我拿了一支要給你，附槍套喔！

我心想：「好啦！這下我有紀念品了。」拿到那支手槍我可開心哩。

一年後，當我以一般公民身分回美國，在紐約下船時，海關想沒收那支槍。

不少同袍也遇到一樣的事。
我們實在很失望，為了不讓海關得逞，乾脆把手槍扔到海裡。

我們發現周圍的城鎮簡直變了一個模樣。
原來，在不知不覺之中，我們已經離開德國
進入了捷克。

突然，前面傳出巨大的聲響。
戰車發動攻擊了，
我們看到沿路兩旁的房子紛紛起火。

皮爾森，
我方的戰車正從德國人手裡收復這座城。

我們在某個廣場攔下 3 輛偵察車與吉
普車。蜂擁成群的捷克人向我們喊著
「Slava！Slava！」這字你怎麼解釋
都行，你好、再見、太棒了，反正就是
太好了的意思。

此時，我們的上士庫巴塞克站上了偵察車，
高舉雙手示意眾人稍安勿躁，接著用捷克文
滔滔不絕講了起來。

庫巴塞克是個中歐或東歐的名字，但是美國種族繁多，像我們這種年輕美國人壓根不管其中區別何在。我們從沒想過他來自哪裡，大家都呆住了。

群眾呼應著他，那真是難以形容又讓人跌破眼鏡的一刻。我們所有人笑得東倒西歪：「太扯了，庫巴塞克在對他們發表演說，用他們的語言！」

接著有狙擊手從上方朝我們開槍。

人群轟地散去，我們接獲命令前往特定建築物，上樓尋找狙擊手的蹤跡。

我也跟著行動。我聽到他們的動靜，明明不遠但就是不見人影。他們只有幾個人而已，危機迅速被排除了。

說起來，所有在皮爾森的德國人都很快投降了。

現在，是時候來談談我們的特殊任務，以及我們怎麼會出現在那裡的原因了。

我們之所以到皮爾森，是巴頓將軍的決定。
他甚至希望我們可以推進得更遠，目的是趕在蘇聯之前占得更多地區。
好啦，這便是何以我們要全速前進，沒日沒夜不停歇。
艾森豪應該也沒料到我們竟然可以推進到東歐，
因為他本來不同意這個決策。我們的確遠遠超前，說穿了，人數也不多。
部隊大部分的人差不多落後我們兩小時的路程。
兩小時，很多哪！
開在我們前面且收復城市的戰車連，人數非常精簡。
德國軍官得知此事時，對我們的軍官說道：
「早知道你們只有這麼少一支部隊和偵察騎兵連，
我們應該奮力反擊，保證把你們全數殲滅。」
但是我們戰車遵從巴頓的指示，
就這樣聲勢浩大轟隆隆地開進城，讓德軍誤以為整個軍團都到了。
計謀奏效。

那個晚上我到現在還記得，我們睡在車上，車就停在路邊。

隔天早晨，我晉升為下士。真是大好消息，因為這表示要加薪了！我把臂章縫上去。

稍晚，我們接獲命令，要換上最好的衣服、鬍子刮乾淨、鞋子擦得晶亮，車子洗得一塵不染，因為我們要出發執行任務，必須體面點。

我們這一連的 3 輛偵察車和 4 輛吉普車，前往森林裡的一座小機場，位於皮爾森近郊。

到樹林裡砍些樹枝當作旗桿，插在車上，然後把它固定好。

我們照做。還直接把旗桿固定在砲塔上。

接著，每個人拿到一個超棒的降落傘，白色尼龍布做的，全新。

剪成大白旗綁在樹枝上，每輛車都要掛一面。

再剪出一個大大的正方形，對角摺好，像披風一樣綁在脖子上，每個人都要有。

我們面面相覷：現在是演哪齣？

過了好一會，上頭宣布任務執行時間延後，要我們先把口糧吃了。我們一邊吃，軍官一邊跟我們解釋任務要點。

我們現在就是等，等一位重量級的德國將軍，他從倫敦過來。人一到，我們就前往布拉格。

此外，出現了一輛高級人員用車，BMW 小車款之類，只是漆成迷彩，非常美的一輛車。

占領布拉格的德國將軍還死撐著，但根本毫無意義，戰爭可說是結束了。從倫敦來的這位將軍準備過去勸他投降。

我們等啊等，天色漸漸暗了，大家心想那位將軍大概不會來了。不過總算，夜幕降臨時他的專機也落地了。

遠遠地，我們看到一個身影，他穿著跟其他軍官一樣的長大衣，坐進那輛 BMW 裡。

車隊啟程。因為速度要夠快，所以我們不再遮擋車頭燈。上頭命令：「不管它，就開大燈。我們應該不會遭到攻擊。」

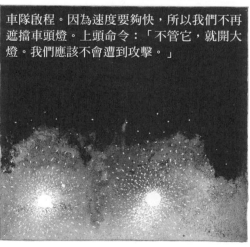

20

我們在午夜抵達布拉格。

城市入口有一些路障，
布拉格人也紛紛起身。

我們要求他們將路障移除讓我們進去，
他們照做了。障礙物大多是他們從路面
撬起來的石塊。

我們往市中心開，主要道路上沒有半盞燈，
相反地隔一小段距離就有一堆柴火，用來
替代路燈。

我看見一座大教堂的剪影。

我方軍官和德軍軍官一起進入布拉格的德軍區。那裡的人說指揮官已經離開了，他住在城市東邊出口的營區。

新的命令下來了，相當嚴格：所有的槍裡面不准有子彈，除非軍官下令，否則就算遭到攻擊也不得反擊，不然就等著軍事審判。我們只能挨子彈，然後祈禱不會一命嗚呼。

我們從一條很長、很寬的馬路，往東開。

對向車道迎面而來的，是一整列德軍坦克。

龐然機械大物以相當緩慢的速度前進著。

因為在城裡而非戰場，每輛坦克都有一位士兵在前面走著，引導駕駛前進。

我心想：
會發生什麼事呢？

什麼事也沒發生。
兩軍會車了。

引導坦克的士兵看到我們車上掛白旗，圍著白色披風，彷彿投降的是我們，露出十分訝異的表情。

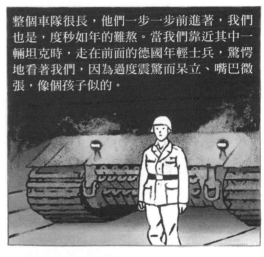
整個車隊很長，他們一步一步前進著，我們也是，度秒如年的難熬。當我們靠近其中一輛坦克時，走在前面的德國年輕士兵，驚愕地看著我們，因為過度震驚而呆立、嘴巴微張，像個孩子似的。

我意識到他所引導的坦克駕駛不會知道他停住了，而且馬上會輾過他。

於是我用力揮手，試圖引起那些人的注意。馬克當時在我右邊，因為角度問題，他什麼也沒看到，他抓住我的手腕。

克普，
你在幹嘛？
不可以對
德軍揮手！

我大喊：

你看！

坦克的履帶輾過了那個年輕德國士兵。

那可憐的孩子就這樣慢慢地被壓了過去，從腳到頭，他還試圖大喊、揮舞雙手。

我猜裡面的駕駛完全不曉得發生什麼事，他一定以為那個士兵不在位置上，因為坦克照常前進，彷彿一切都沒發生。

那個年輕士兵什麼也不剩，連鋼盔都被壓扁了。

只能說，那場面實在太可怕了。

我們抵達城市外圍的軍營。

我軍的士兵進去之後又出來，
說將軍已經離開，他又往東去了，
在一個靠近波蘭邊界的村子。

我們再度上路，沿路我們在城裡的區公所
停了兩次，他們區公所地底都偷偷藏有汽油。

我們把油箱和備用油桶都加滿，那汽油品質
很糟，車屁股於是老拖著長長一道黑煙。
但無論如何，車子要汽油才能走。

回程時，我們得把化油器整個洗乾淨。

天色漸亮，我們距離目的地不遠了。
捷克游擊隊從樹林間襲擊我們。

換作我是他們，
我也會幹同樣的事。

他們根本料不到會有
美軍出現，因而認定
絕對是德軍的伎倆。

過了一會兒，我們追上一群步行的德軍，他們大部分都受了傷，
有些躺在推車上，由同伴幫忙推著，表情淒苦。

我們對他們罵髒話，但他們理也不理。
這行為當然不怎麼高尚，但我們照罵不誤。

最後，我們抵達那個村子。村裡的小軍營，
感覺還比較像是騎兵隊跟馬廄。
軍營外型很美，漆成白色。

我們被請進一個長形的食堂，桌上擺好了
餐具，位置剛好夠我們全員就坐。

每個位置上有一把餐刀、一個小盤子、盤緣
放了一小片麵包，一點點奶油和很薄的一片
臘腸，還有一個杯子。

兩三個德國士兵進來，在我們的杯子裡倒了難喝的代用咖啡，無糖。是那位德國將軍想以這種方式接待我們。

在我們看來，顯然他是為了盡可能把我們引到東邊，如此一來蘇俄才不會進到捷克。他希望整個美軍都跟著我們過來，而這絕對也是巴頓的主意。

我不曉得歷史書上有沒有談到關於我們這起任務的一字半句，但我發誓這是真的。

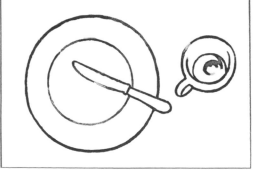

由於沒什麼特別的事，我們很快就吃完早餐走到中庭去，此時，一個軍官對我們說：

德國將軍投降了。

今天是 5 月 8 日，現在你們真的可以確定，戰爭結束了。

21

我們進到村子。村裡的人張羅了一些桌子，招待我們一頓豐盛的早餐。我們高興都來不及，因為說真的，我們還是餓得不得了。

咖啡依然是代用咖啡，但好喝多了。還有超棒的甜麵包，美味又新鮮，跟布里歐麵包很像，上面灑滿罌粟籽。罌粟籽很香，你要是灑很多，就會有巧克力的味道。

弟兄們，聽好了，現在的指示是，返回皮爾森。有人會帶路。**無論如何**，不准穿越布拉格，因為俄國人會在那裡。

於是我們折返皮爾森。
抵達時少了一輛吉普車，就是燒壞我槍機的下士克洛斯在的那一輛。

10 天後，當我們在林地的兩人帳裡簡直無聊到快發霉時，嘿，克洛斯帶著他 3 個士兵冒出來了，他們的吉普車上飄揚著好大一面手工縫製的美國國旗。

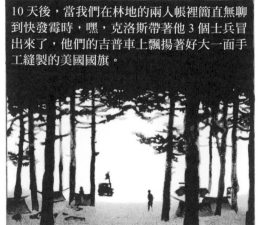

事情是這樣的：他們的車爆胎了，於是換上備胎，後來備胎也爆了，他們沒辦法繼續前進，就卡在半路動彈不得。

往來布拉格的路上，出現一輛從布拉格逃出來的軍車，上面都是德國軍官，布拉格在當天晚上被俄軍占據了。

他們停車，自願成為戰俘，反正比起向蘇俄投降，投靠美國還比較快活。

而就在克洛斯還沒拿定主意要怎麼處理爆胎的事情時，一輛蘇聯的軍車出現了，他們是追著德軍出來的。

俄國軍官對克洛斯說（在這種情況下，大家多少都能講一點英文）：

這些是你們的俘虜嗎？你們打算怎麼處置？

我們這位下士的階級可比不上這群蘇聯軍官，他說：

啊，就交給你們處置好了。

很好。

他們命令德國軍官排成一列，當場處決。

接著，俄軍幫忙換胎，把我們的人帶到布拉格，他們就在那裡停留了一星期，俄國人和捷克人歡欣鼓舞款待他們。

他們車上飄揚的旗子，
就是捷克婦女用手邊能拿到的
剩餘布料拼湊縫製的。

同樣的問題又來了，
克洛斯沒有依照上級指示，
要不要把他移送軍事法庭？
不過最後不了了之。

有一天，我們接獲通知，說有位將軍想跟我們每一個人合照，以見證他對我們完成這起任務的肯定。

我們整理儀容，在田野上集合，將軍一一見過我們，幾乎沒說什麼話，整個過程迅速結束。

幾天後，每個人都收到自己的照片。
不過沒有儀式、什麼也沒有，
中士碰到誰就把照片發給誰而已，我最後才拿到。
他把照片拿給我：
「來，克普，這張是你的。不過上面雖然標註克普下士，
但這個人不是你吧？我怎麼認不出來。」
實際上，連我也認不出自己，那是別人吧！
我問：「這人是誰？我要拿去換。」
他答：「我也不知道這是誰，但這是全部的照片了，
　　　　你就拿去吧，至少可以當作紀念。」

這 50 年來，我把那張照片封存在盒子裡。
前陣子，我那比我小 18 歲半的弟弟，寄給我一本相簿，
裡面是他在加州家裡找到的老照片。
信中他寫道：
「很開心看到巴頓將軍跟你握手。
我住在帕薩迪納的時候認識了他的孫子，我們是朋友。」
我弟以為照片上的人是我。
這沒什麼好奇怪的，因為我們最後一次見面時，他只有 4 歲而已。
不過，我懷疑照片裡的將軍真的是巴頓本人？
依我看，那照片是一個假克普下士正在與假巴頓將軍握手吧。

22

部隊駐紮在皮爾森近郊時，
徵用了一些房子。
我們被告知附近有座花園，
園子裡搭了個棚架，
棚架下放了一只大酒桶，
裡面的皮爾森啤酒可以無限暢飲。
我於是跑去了。

花園很大，很美，稍微規畫過，類似法式花園，且整理得不錯。啤酒口感沒那麼細緻，但還算好喝。我喜歡皮爾森啤酒，每次喝到，我都會想起這件事。

奇怪的是，大多數的士兵不會過去。那座花園彷彿是另一個世界，讓他們心生畏懼。然而，軍人明明是喝免費啤酒的典型啊！我就常常去。

在花園裡探險時，我發現它原來是一棟非常美麗、布爾喬亞式房屋的一部分。

一天，我獨自在花園散步時，遇到了一位女士。

她的年紀嘛，有點難判斷。45 歲之類？
大概吧。她一臉疲憊，所以較顯老。
氣質高貴，正就著一個大洗衣盆，搓洗著
衣物。

我們互相打了招呼。她講德語，我蹩腳地
擠出幾個德文單字，很快發現她是個親切
的人。

那棟房子是她的，她擦乾手，請我進屋子去。

裡面的客廳很寬敞，幾乎跟飯店大廳沒兩
樣，有 3、4 座沙發，一架華麗的平台鋼琴，
樂譜堆得到處都是。

她的鋼琴是調過音的，當年我的琴藝很糟，
但她說：「開心就好。」於是我找本樂譜
彈了一會兒。

接著我們喝咖啡。她的髮色棕黑，
年輕時一定是個大美女，如今卻飽受
歲月摧殘。

我是個鋼琴家，從前年輕時，辦過一些演奏會。後來戰爭開打加上我丈夫過世。整個戰爭期間，我就靠洗衣維生。

她把手攤在我面前，那手就如同巫婆的手一般。

您一定以為我不再彈琴了，因為雙手一直泡在冷水裡搓洗衣服。不過所有眼前您看到的樂譜，我都彈遍了。

真是令人難過。她的客廳有著所有我們能想像的美好，充滿音樂。而她，除了洗衣之外沒有別的謀生方式。

後來我又拜訪了她兩三次，每次都一個人去。我們其他弟兄沒有人跟她講過話。語言的隔閡使我們沒法真的聊什麼，但是彼此卻能心靈相通。

接著，部隊拔營前往另個村子。

到那個村子，我們在河邊一棟閒置的小城堡
住了一段時間。那是座宏偉的長方形磚石建築，
比例差不多像一塊 250g 的奶油，
從前可能是共濟會的住所。

屋裡除了幾張椅子沒有別的
東西。沒有壁爐，本來設置火
爐的地方空無一物，也沒有
電。我們鋪了睡袋，就睡在褪
色的木頭地板上。

樓下的大房間裡，
每個窗口都是一組
對開的窗，彼此有
一定間隔。
相當棒的空間，
因為牆面至少有
1 米 5 那麼厚。

每當
陽光照進來時，
我喜歡關上窗，
坐在窗戶邊。
有點熱
又不會太熱，
往外望去是
廣闊的花園，
我就在那裡
看信或寫信。

花園裡有著為數可觀的雕像，
奇怪的是，沒有一尊是站立的。

那些都是仿古雕像，宙斯、阿波羅、黛安娜，或裸體或披著布幔。每一尊都被推倒但毫無碰撞。

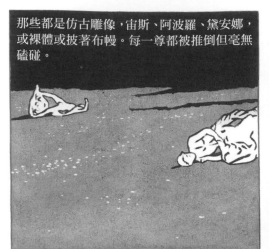

通常，他們都處於一種怪異狀態，鼻子朝天，或面地趴著，有幾尊倒向小灌木或一棵樹，就這樣靠著，彷彿正在思考、歇息。

花園裡的雕像營造出某種氛圍，尤其入夜時，在月光下，既奇幻又神祕。

部隊駐紮的地方不斷更換，這對住戶而言是好事，倘若我們徵用他們的房子，也不會占據太久。這樣比較合理。

一天晚上，我們辦了個小小的晚會，現場有皮爾森啤酒，甚至還有一點當地居民提供的德國烈酒。庫巴塞克上士喝了很多。

當時非常晚了，幾乎所有人都睡了。因為一點口角，庫巴塞克跟我們所有人對幹起來。

他眼睛發亮，不知道是把我們當成誰了，倏然抽出了一把長刀。

他看起來已經忘了我們是誰，變得很有侵略性，拿刀朝著每個人揮舞說道：

我要把你們全殺了。

所有人都跑了，只剩下我。

我不是那麼喜歡庫巴塞克，我容忍他，大概就像他也得容忍我。但我心想：「這傢伙醉成這樣，我不能丟下他。」

這絕對是我在戰爭期間最為英勇的事蹟了。我開始跟他講話，試圖讓他恢復理智，他腳步跟蹌忽前忽後，刀尖指著我。

我還記得他咕噥埋怨了一堆。我很驚訝,但並不害怕,一心只想著:「一定要讓他發洩一個夠。」

最後,該怎麼說,我覺得他軟化了。他一動也不動,安靜下來,眼神失去光彩。

他喃喃說著「晚安」之類的字眼,然後離開。

隔天,他似乎什麼也不記得。就跟路易斯那個想硬上我的傢伙一樣。

接著,我們在一個頗為偏僻的農場紮營。我們得在一座工廠裡 24 小時值班。我一直搞不清楚那是什麼工廠,儘管有好幾個晚上我都在裡面走來走去。

那個農場屬於蘇台德的德國人,我們低調駐紮在側邊一小區域。有一天,出現了一隻狗。

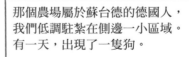

那是隻再普通不過的狗，
貌似來自很遠的地方且餓壞了。
當時，所有人都跑來看。

那狗不懂德文也不懂英文，我跟牠講了兩個
我知道的法文字，牠也沒反應。總之，我們
餵牠吃東西，牠就這樣留了下來。

我們會做點木工，一方面打發時間，一方面
添點家具什麼的。有一天，波斯基釘了一張
小長椅，結果槌子重重敲在他的手指上。

波斯基是美國人，但因為出身的緣故，他用
波蘭文幹譙了起來。

說時遲那時快，我們看到那隻狗豎起耳朵，
邊吠邊跑向波斯基。原來牠來自波蘭，聽得
懂波蘭粗話。

我不曉得牠怎麼跋山涉水跑到這裡，但是波
蘭狗自然只懂波蘭語。波斯基對牠講話，牠
會繞圈圈、握手、用後腿站立，只要跟牠講
波蘭語牠就會做這些動作。

農場後面有一棟建築，裡頭的女人顯然跟這座工廠有關係，她跟孩子一起住，至於孩子的父親，我不清楚。

最大的那個孩子頂多 11 歲，叫做尤爾根。

時間一久，我們也有了點交情。晚上值班時，我會到他們家門口跟孩子們聊天，而他們的母親就留在屋裡。

他們當然沒有什麼威脅性。
我就一支卡賓槍，
抽菸時會把它靠牆擺著。
這很蠢。

有一天晚上，尤爾根趁我不注意的時候，拿起我那上膛的卡賓槍。他把槍扛在肩上，像個軍人那樣來回走著，1、2、1、2。

看到這一幕我簡直嚇死了，我對他說：

夠了，把槍還給我。
你知道這是很不好的行為。

他面帶不屑盯著我。然後很客氣地，把槍遞給我。

附屬這裡的另一棟房子，住著我們所謂流亡國外的人。
那棟房子還不錯，有飯廳、廚房、樓上還有房間。
他們都是波西米亞人，來自一個我也不知叫什麼名字的
斯拉夫國家。他們英文也通，我會跟他們聊天。
這三男兩女給我的感覺很親切。我對他們在做什麼沒概念，
也許是類似夜總會的酒保、女的可能是沒沒無聞的歌手、
會跳點性感嬌媚的舞，這一類的人吧。
或搞不好是拉皮條的。
那兩個女人頗有姿色，但不年輕了。

他們有一把獵槍，照理我不能讓他們持槍，
但我還是默許了。他們會打兔子，然後一隻
隻掛在前庭屋簷下，不放血，直接風乾熟成，
味道足了就宰來吃掉。

有一天，其中一個傢伙對我說：

> 今晚我們要煮 3 隻兔子，如果您肯
> 賞光的話，歡迎過來一起晚餐。

我跟隊上的人協調
好當晚不值班，過
去跟他們會合。

不放血風乾熟成的兔子還真美味啊！
真的不騙你，非常、非常好吃。
我請他們抽菸。

我們要進行一場桌靈轉，您願意
加入嗎？

好啊。

我們一起上樓。他們在那裡放了一張圓桌，
桌緣有字母，中間擺了一只烈酒杯。

眾人圍著圓桌坐下，態度十分慎重，接著他
們跟我解釋要將兩根手指放在倒轉的杯底，
摒除一切雜念，任由杯子被引導到對應的字
母去。

我心想：
「管他的，信一次又何妨？」盡力融入其中。

於是，儀式開始了，杯子移動得頗頻繁，
他們記錄下杯子停住時對應的字母，隨即
搖搖頭，神色沮喪，這些字母組合不出什
麼意義。

過了好一陣子，不知抽了多少菸以後，
我們停手了。

沒辦法，今晚
轉不出所以然。

他們真的非常失望。我猜他們以為我既然是
美國人，應該可以帶來什麼不可思議的啟
示，結果沒得到半點訊息，什麼都沒有。

總之，兔子真的很好吃。

我們依然開車在鄉間巡邏，從這個村到那個
村。某天晚上，我們進入一座占地廣大的農
場的院子裡，想徵用幾間房間過夜。

我們把車停得整整齊齊，排成一列，全部的
人都走往屋裡，只有我還在外面。

我站在我們的偵察車前面，就這樣靠著車頭
想事情，想什麼？我也不曉得。

突然，車子往前彈了一下，把我整個人撞倒。

169

我沒發現波斯基還在車子裡。他覺得車停得不夠正，沒跟其他車子對齊，而這種偵察車的離合器很硬，每次發動就會彈一下。

車子的右前輪開始轉了，壓過我的軍服，我被卡住動彈不得。我大喊，但是引擎聲太大，波斯基根本聽不到。

他慢慢前進、慢慢地，只為了把車停正，而我沒辦法把衣服拉出來，眼看輪子要壓到我腋下了。

我狂叫，盡可能地舉高手臂，心想：接著他會壓過我的肩膀、胸部，把我全身壓扁，就像在布拉格那個夜晚，坦克壓過那位年輕德國士兵一樣。好奇怪啊，我的死法竟然跟他一樣，這正是死於戰爭而死因與戰爭一點關係也沒有。

車子停住了。

波斯基從車子走出來，準備欣賞自己高超的停車技術，卻看到我倒臥在輪子底下。

我只是遭到重壓，沒有受傷。

他嚇傻了，我則成功地把衣服拉出來，試著讓他回神。

沒事、沒事，
我沒受傷。

連續好幾天他都處於驚嚇狀態無法開車。至於我，我好得很哩。

23

先前庫巴塞克酒醉揮刀的那個村莊，也就是那棟雕像倒臥之屋所在的村莊，有條絕美的河流經過。只要回想起那裡，史麥塔納所寫的莫爾道河的旋律，便會在我耳邊響起。

那條河既深且廣，水流平順而色澤深沉，河岸陡峭長滿野草。

某個星期日，
村民在這條河邊舉行春日慶典，
大家席地野餐，有人演奏著樂器。

上級說我們可以參加，我就去湊熱鬧了，但不是跟我偵察車的同伴，而是和史丹利以及其他人一起過去。

天色漸晚時，人群慢慢散去。
很快地只剩小貓兩三隻。史丹利和我抽著菸，邊走邊聊。

我們走近一棵大樹，有位彷彿夢中才會見到的女子斜倚著樹。一位吉普賽女郎。

她簡直是絕世美女。我們遞給她一根菸，她開口講了一串我聽不懂的德語。

史丹利推了推我說：

喂你聽不懂喔？她希望你陪她走回家。

啊？是這樣嗎？

史丹利的德文比我好，閱歷也比我多。

你懂的吧，她這麼漂亮，而這裡到處是男人，所以她不敢自己一個人回家。

原來如此，我答應了。

我們一起離開。她帶我走出了村莊。

一路上我們雞同鴨講，我望著她，心蕩神馳。她應該要16歲了吧！她拉著我的手。

接著，我們借道一條上坡小路，周圍都是砍下的樹幹。她輕鬆走著，優雅且活力十足，要她攀登聖母峰大概也不是什麼難事。

到了山丘另一邊，我們進入狹窄的山谷，非常窄，到處都是樹，偏僻杳無人煙，我們就走在空蕩蕩的小徑上。

右轉、左轉，繞過些有的沒的。我心想：「回程我還能認得路嗎？」

我們走了很久，山谷底部開闊起來，遠遠地，我瞥見一間圓木小屋。她跟我說：「那就是我和祖母一起住的地方。」

然後突然，她命令我：

等一下！

她把我拉到路邊，往針葉林間的空地走去，那裡有一片美麗的草地。

174

然後，她主動向我示好。

老實說當時我還年輕，真的不曉得怎麼應付這樣的狀況。

她把我推倒。

我對她說：

不行。

啊。

我們於是走往祖母的小木屋。

裡面沒人，現在只剩我祖母和我。其他人都離開了。

175

天色完全黑了。我自己一個人又沒有許可，不能在外夜宿，否則會被關禁閉。抵達門口時，我說：

我得回村子裡去了。

明天再來。

好，我明天再來。

她敲敲門，接著一個非常老的老太太探出了頭，她完全符合我們所能想像的巫婆模樣，既嚇人又魔幻。

我又重複一遍：「明天我再過來這裡。」她說：「好、好。」她的祖母抓住她的手腕，將她一把拉進去，砰地關上門。

我得自己摸黑辨別方向回到村莊。

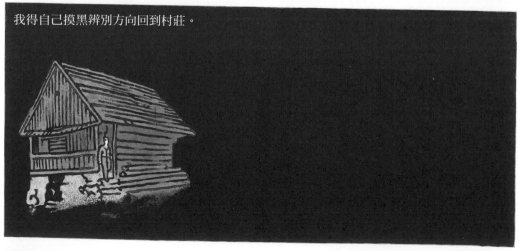

176

我惴惴不安沿著小徑走啊走，
但是沒有迷路。

一整晚我都想著她。
實在是個天真的小伙子。

隔天，我給自己打氣：「今天，我一定要
鼓起勇氣突破心魔，體會一下愛情的滋味。」

到了傍晚可以外出的時間，
我循著原路過去。

到了木屋前，我敲了一次又一次的門，
但無人回應。我看了看四周，大喊幾聲，
沒半個人。

她們離開了。

這個故事讓我露餡啦，
挺不自在的，哎！
不過也還好啦。
我總是會想起這位吉普賽女郎，
她那驚人的美貌，
長裙搖曳、秀髮披肩，
跟祖母住在森林深處。
這真是……哈哈哈！
真是不可思議。
但結局不怎麼好就是了。

24

我們部隊駐紮在靠近馬倫巴一帶的波西米亞森林，
有幾個晚上，我去了馬倫巴溫泉鎮。

我在鎮上認識一個年紀很小的德國小子，
叫做雅科，當時應該差不多 9 或 10 歲吧。
美軍撿到他之後把他收留著，還幫他做了
一套軍服。他來自波蘭某個城市，我忘了
是哪裡，雙親都不在了。

他會講英文。

> 嘿，你不能這樣耗著，要不要跟我
> 回美國？

> 好啊，**Shorty**。

他叫我 Shorty，
因為我個子
滿矮的。

我寫信跟我爸媽提這件事，
他們沒有回信。去找了教堂
的牧師，走了一些程序，但
毫無進展。

不料，由於雅爾達協定的緣故，我們必須撤出捷克。
撤軍速度之快，讓我與雅科失去聯繫。

我們又回到了德國，營區就靠近雷根斯堡（Regensburg）。
也就是從前的 Ratisbonne。

我原本是通信兵，然彼時用不著通信兵了，於是我整天站哨。站哨非常無聊。冬天的腳步近了。

一天，打字部門的行政人員（我們都稱之為 company clerk）離開了。戰爭已經結束，愈來愈多軍人被遣送回國，要找到專業打字員很難。早上集合時長官問道：

你們有誰會打字？

我心想：我真是受夠站哨了。於是我舉手：

我會。

當時我對打字略知一二。

結果呢，那工作簡直累死人。全部都是移交事務。這群人從四面八方過來，那群人要返回美國，沒完沒了。我從早打到晚，直到三更半夜。

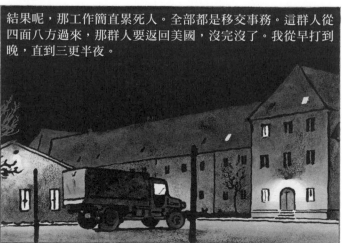

儘管如此，有時候我也可以到城裡去。軍人食堂裡有一些德國音樂人。

午餐時間我注意到一對兄妹，用手風琴伴奏，唱著巴伐利亞民謠。他們是艾利克與克蕾蒙汀，哥哥剛滿18，妹妹16歲。

他們倆很可愛，演奏和歌唱技巧都很棒。我們盡可能地突破雙方語言隔閡，成了朋友。

後來他們徵得父母同意，邀我去做客。

他們住在雷根斯堡舊城區一間小房子裡，古格塞爾街乳牛巷1號。那條巷子極窄，傳說中窄到一頭乳牛走進去會被卡住動彈不得，非得把兩邊的牆打掉才行。

我相信那傳說是真的，那條巷子頂多容得下一個人勉強通行。

他們打開一扇門，
我看到兩棟建築，
旁邊一座小花園，
裡面有棵樹。
左邊是園藝工具間，
右邊是住家，
從棚架走到底的後面
算是雞舍，
有一群鵝和幾隻雞。

我見到了他們的爸媽，羅斯鮑爾夫婦。
羅斯鮑爾先生是開無軌電車的。家裡還住了
一位家族的友人，他們都叫他佩比叔叔。
那頓飯完全是藍帶等級的豐盛美味。

席間我才知道艾利克和克蕾蒙汀其實是
表兄妹。

艾利克是我姊姊的孩子，她過世得早，
當時這孩子才 9 歲，我於是把他接過
來一起撫養。

我兒子叫赫爾穆特，他 22 歲，現在在戰俘營，
幸好離這裡不算遠。他跟你一樣是裝甲兵。打了 4 年
的仗，沒受半點傷，後來在戰爭結束前一個月，斷了
左腿。

他們又邀了我幾次。其實，
羅斯鮑爾家的餐桌上永遠有
我的位置，我只要有空就會
過去。
我開始學了一點德語。

我必須承認克蕾蒙汀真的很可愛，
這讓我心神不寧。

當時我跟帕琪，也就是艾吉兒的妹妹寫過幾
星期的信了，彼此多少可說是透過信件互訴
衷情。
總之那真是個錯誤，但我到後來才明白。

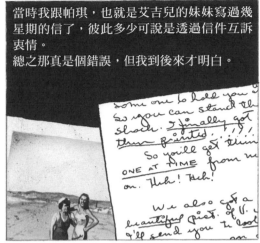

當然，克蕾蒙汀會唱歌給我
聽，還為我量身織了一件套
頭緹花毛衣。真要說的話，
兩人之間愈來愈像回事了。

我們到戰俘營探望赫爾穆特，他穿著長褲，截肢的那條腿用
橡膠套綁著直到腳踝。他把口袋弄破，空蕩蕩的左腿褲管就
變成一個袋子，我就從他口袋裡塞進一堆菸、巧克力等。

我這美國人什麼都有，
會替他們帶上所有我能帶的東西，
但說實話，
我才是真正被他們呵護寵愛的人。
羅斯鮑爾太太的娘家
在雷根斯堡一帶的鄉間，
她從娘家回來時總會帶一堆食物。
她會做罐頭、草莓或覆盆子酒，
而且她還有個不外傳的祕方，
能夠讓雞蛋保存好幾個月不會壞。
我從沒去過她的地窖，
但她會從那裡變出各種不可思議的東西。

一天，我走在雷根斯堡街頭時，聽見：

嘿！Shorty！是你嗎？

雅科！

你在這裡幹嘛？

欸，沒幹嘛，就看我能幹嘛。

與雅科重逢讓我很開心。

他穿著便服，舉止有點流裡流氣，話也變多了。

正好，我要去朋友家，你也一起來吧！不嫌棄的話，那裡有吃有住的。

好啊！

羅斯鮑爾一家收留了他，讓他住了一晚。隔天，克蕾蒙汀跟我抱怨。

這人真是太粗俗了！講的話真是……你無法想像！

雅科跟我說，他原諒我當初離開馬倫巴時沒帶上他。

我自己沒問題的，我會的事可多呢！

他走了，後來我再也沒見過他。

25

突然，我被調職了。我們部隊的牧師普林尼・艾略特的助理回美國去了，他缺人手。

你要不要當我的助理？聽說你會演奏管風琴，而且有副好歌喉。

我會彈一點風琴，但唱歌我不在行。

我不太想離開雷根斯堡。

你會開車嗎？

不會，呃該怎麼說，我會開坦克，但是開車有點勉強。

啊！還真麻煩！

那您呢？您不會開車嗎？

會啊，但是我討厭開車！這樣吧，你就慢慢學，我會跟你的長官處理你調動的事，我們明天動身。

隔天黃昏時，我已經雙手握著吉普車的方向盤、後面還勾著拖車上路了。艾略特牧師就坐在副駕駛座，我們正往阿爾卑斯山的方向走。

夜晚來得很快，我們還遇到下雪。艾略特幫我指路，我則盡力開。

好幾次他都看錯路，於是我必須在昏暗無燈的小路上倒車，更別說吉普車後面還有拖車。如此反覆兩三次之後，我差點跟對向的車撞上。

路況較平順時，他會跟我聊天。牧師約莫45歲，來自美國中西部堪薩斯市。他是基本教義派，但我不介意，因為當時我也是。總之是個非常誠懇的男人。

幾個月前，靠近慕尼黑那個集中營被解放時，我也在場，我跟著首批抵達的美軍一起。

集中營外面、靠近入口處有一匹死掉的馬，連續幾天都癱在那裡。牠全身發腫、肚子脹得很大，四腳朝天。我們一開門，裡面幾個餓壞但還能跑的人紛紛衝向那匹馬，張口就吃了起來。

190

他繼續說著，情緒很激動，當然我也是。

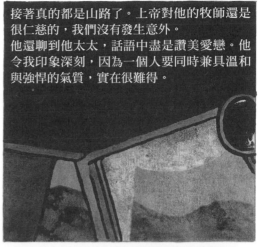

接著真的都是山路了。上帝對他的牧師還是很仁慈的，我們沒有發生意外。
他還聊到他太太，話語中盡是讚美愛戀。他令我印象深刻，因為一個人要同時兼具溫和與強悍的氣質，實在很難得。

約莫清晨時分，我們進入了一個村莊，燈火才微微亮。

我們到了，先直接開到你之後的宿舍吧！

好啦，就是這裡，停車吧。

我就在一個晚上學會了開車，我很滿意自己的表現，他也是。

我等一下叫士兵把吉普車開去停車場，你拿好自己的行李，安頓一下休息吧！

好的，謝謝。

偌大的房子裡，有個士官出來迎接我。

還好嗎？跟我來，看你想住哪一間自己選。

自從打仗以來，從來沒有人這麼親切地跟我講話，我還比較習慣魔鬼士官哩。

這裡有兩三間空房，你看一下，挑一間你喜歡的。

這間有陽台。

我要這間。

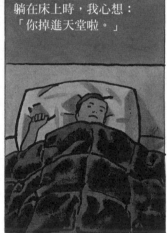

躺在床上時，我心想：「你掉進天堂啦。」

午後，我醒了，打開陽台的門。

下樓時，我從士官口中得知這座絕美的
湖泊叫做泰根湖，而這個城市是巴特維塞。
位於巴伐利亞南端，離奧地利邊界不遠。

我向艾略特牧師報到。

ASKANIA

他在一間由大飯店改裝而成的鄉下醫院裡
執行任務。

他帶我參觀飯廳，寬敞、華美，中間有座白瓷巨型火爐，窗戶很多，
往外望去是綿延群山。

我在那裡度過了一段美好時光。
6個月，不可思議的6個月。

26

我們到處走訪了許多小村莊。我負責布置講道台、演奏風琴、帶軍人唱聖歌。很輕鬆。

這位來自中西部的牧師喜歡打獵,他有一把槍。我們會開到田野空曠處,他教我從吉普車上射擊。

我負責撿拾打下的獵物。我們帶回了一堆野禽,多到數不清。星期日軍人彌撒時,我們便吃熟成的野味。牧師也會分享給德國人,他們不能持槍,自然也無法打獵。

有時我們必須長途跋涉,直到紐倫堡,到流亡的斯拉夫人營地。把彌撒用的酒、蠟燭、印有斯拉夫語和德語的聖經、文宣品等送到一位名叫魯迪的天主教神父手上。

由於路途實在遙遠,我們會在雷根斯堡過夜,歇歇腳。

我跟牧師提過羅斯鮑爾一家,而且他認識艾利克和克蕾蒙汀。

是在彌撒演奏手風琴的那兩個人?

對啊,他們也唱歌。

等一下你把我載到軍官臨時會館，不過士兵在那裡不受待見，既然你這邊有熟人，你到他們家過夜會比較自在吧！

啊，謝謝！

唯一的麻煩是，你不能把吉普車留在外面。但你若開回停車場，就無法離開營區。

我會想辦法的。

實情是，與德國人往來是不被允許的。我的話，當然是盡可能融入當地，在我一生中不管到哪裡皆是如此。

羅斯鮑爾一家人熱情歡迎我。羅斯鮑爾太太馬上想到辦法安置我的吉普車。

來，跟我來。

就在古格塞爾街旁邊，有間原本是教堂的孤兒院。羅斯鮑爾太太和負責管理的修女很熟。她們把門整個打開，讓我把吉普車停在迴廊。不會被看到也無人知曉。

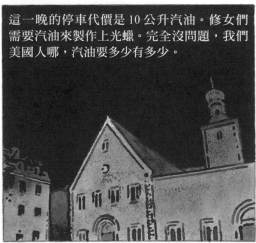

這一晚的停車代價是 10 公升汽油。修女們需要汽油來製作上光蠟。完全沒問題，我們美國人哪，汽油要多少有多少。

隔天早上，天才微微亮，我就輕手輕腳把吉普車開走，到會館接牧師，再一起出發到紐倫堡。我們照這樣的模式走了幾次，十分順利。

我們去紐倫堡的次數算頻繁，因為魯迪神父在當地各個宗教場所舉行的彌撒次數相當多，需要大量的酒與物資。

一天，我們發現魯迪神父醉醺醺的。在艾略特的追問下，他才承認其實他很少主持彌撒，酒都被他喝了，甚至還拿去賣。
太令人失望了，艾略特怒斥了他一頓。

艾略特對他很是信任，至於我，我對他一直沒有好感。討人喜歡的騙子不是沒有，但說到底還是少數。我們把酒通通載走，只留下一瓶。

在我回來之前，這夠你這段時間彌撒用了。

歸功於美軍牧師關係網，我們無論到哪裡都備受款待。
我們曾跟著醫院的護士到路德維希二世建造的新天鵝堡進行私人參訪，儘管當時城堡正處於關閉狀態；我們也去參觀了理查 · 史特勞斯位於加爾米施—帕滕基興的故居。

一次路經雷根斯堡時，我跟羅斯鮑爾一家提起泰根湖附近的山終年積雪，而我這來自加州的小子從未滑過雪，很想試試。

啊，話說，我有滑雪板呀！

可以借我嗎？

那滑雪板對我來說太長了，但是艾利克說不要緊，他還給了我跟滑雪板成套的滑雪杖。

我在巴特維塞時，遇到從前部隊的朋友，他是個運動健將，當時在醫院職員籃球隊當教練。他跟我一樣沒滑過雪，也借到一套裝備。

我們一定要找個不會被人看到的斜坡，來試試身手。

在一個月圓的晚上，月光極為皎潔，我們兩個在午夜跑到村莊附近某個山丘。積雪很厚、很滑。

我們抽籤決定誰先上，他贏了，率先滑下去。

我跟他保持適當距離，踩著過長的滑雪板跟在後面，逐漸上手了。

我滑到坡底跟他會合時，發現他整個人跌坐在地上。

我一條腿斷了。

我得把他揹到路邊，這傢伙好重。

幸好，我們沒等太久就遇到巡邏隊，把我們載到醫院。

那一季，籃球隊輸掉了他們所有比賽。

幾天後，我跟另個弟兄在同樣那個山坡散步，他叫做吉姆・波斯特，年紀比我大一點。

我們聊著聊，一對約莫40歲的夫婦經過，友善地走向我們，加入我們的談話。

我就這樣結識了這位前所未見的獨特男人——格哈特・孟許（Gerhart Muench）。

27

我們很快熟絡起來，格哈特是德國作曲家兼鋼琴家，他太太薇拉寫詩，她是美國人，來自波士頓。他們在巴特維塞租下一棟小別墅的二樓。

他們家裡可說什麼都沒有，除了一台打字機和一架鋼琴。他們請我們喝茶，我們會帶菸、幾瓶酒，然後聽格哈特彈琴。

吉姆和我，就這樣度過了難忘的幾個小時，聆聽著一位**真正的**鋼琴家。他什麼類型都彈，彈很多蕭邦、布拉姆斯，還讓我認識了斯克里亞賓的音樂。

關於格哈特的故事很長，
我們的人生透過一種
奇異的方式，
跨越世界而交錯。
你將會知道
我是多麼喜歡這個人。

他於1907年生於德勒斯登，是個神童。懂拉丁文、希臘文，一點希伯來文以及5、6種現代語言。20歲時，就跟身邊許多同樣社會階級與藝術素養的年輕德國人一樣去旅行，他去了巴黎，在那裡度過一段美好時光。

他長相不討喜，可說是個醜男。但他充滿愛，很有女人緣。他在巴黎的情婦是個有夫之婦，老公是波蘭畫家，住在聖歐諾黑路45號，叫做貝蒂娜。

在巴黎的10年，他日子快活得很，總是可以靠彈琴維生。他認識了一堆人，像是寫了《綠帽子》的比利時劇作家費爾南．克羅莫林克，那個劇本很精彩。他們交情很好。

待滿10年之際，他自忖：
「我一事無成，
渾渾噩噩過日子，
是時候該離開了。」

他動身前往義大利。

他遊歷義大利北部很多地方，踏遍鄉野，一有機會就彈琴。結識了詩人艾茲拉．龐德，跟他相處過3年時光，這人不太好伺候。

龐德在他《比薩詩章》第75章提到了格哈特，我念翻譯的版本給你聽：

「來自火焰河，來自火焰河，
格哈特，你可是來自火焰河？
你的背袋放有布克斯特胡德與克拉格斯，
皮箱躺著薩克斯的《交易書》
——不是孤鳥獨鳴而是群鳥之歌[6]。」

我手邊這個版本，有上面這幾行詩句和兩頁樂譜。音樂當然是格哈特譜的曲，我把它拿去放大影印，想自己彈彈看。

唔，就是這個：

200　6. 樂譜上手寫小字註明《群鳥之歌》（Le Chant des oiseaux,1529）作曲者為克萊蒙．雅內坎（Clément Janequin），後由16世紀義大利魯特琴演奏家法蘭斯科．米拉諾（Francesco Canova da Milano）改編，而格哈特又將之改編為小提琴版本。

LXXV

Out of Phlegethon!
out of Phlegethon,
Gerhart

art thou come forth out of Phlegethon?
with Buxtehude and Klages in your satchel, with the
Ständebuch of Sachs in yr/ luggage
—not of one bird but of many

這首詩提到的路德維希・克拉格斯，
是格哈特欽慕的一位學者，
眾所公認的筆跡學研究始祖，
但我認為本質上他更像個哲學家。

克拉格斯有兩本重要的著作，
根據格哈特和薇拉的說法，
那兩本書幾乎是絕版難以入手了。
一本是大部頭，一本是短篇。
第一本的書名是：
Vom Wesen des Bewusstseins，
我想應該可以翻成類似
《論存在之認識》吧。

薇拉跟我說她在維也納大學念書時
借過這本書，
因為這著作對她而言實在太重要了，
重要到──既然她買不起，
她乾脆手寫抄錄，抄了不只 1000 頁。

我試著打聽這本書，
有位舊書商說他兒子在慕尼黑經營書店，
或許有辦法找到，
但最後不了了之。

第二本短篇，書名是：
Vom Kosmogonischen Eros，
意思是《宇宙起源論的生之本能》。

好幾年前，
我透過拉羅雪爾市立圖書館向索邦大學
跨館借到這本書，借期是一個月。
我用打字機抄錄，能打多少算多少，
儘管我半個字也看不懂，
因為裡面的德文很難。
後來眼看還書期限到了，
我就把剩下的部分全部拿去影印。

我一直沒讀它。
我對自己發誓，哪天一定要讀。

艾茲拉・龐德寫了許多絕妙好詩，但他也犯盡了各種錯。戰時，他鼓吹美軍潛逃。透過這些錯誤來看，他的人生起伏跌宕。許多藝術家都曾失足成為法西斯主義者。

比如理查・史特勞斯，在戰後有一段時間就被美國視為危險人物。格哈特在 1930 年代曾與他往來，他的說法是：「這個男人只懂音樂，提到政治他還是閉嘴得好，那方面他根本一竅不通。」

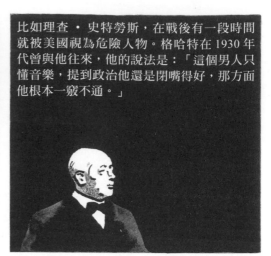

就像很多他們的同類，當時格哈特也到了卡布里島[7]。他與薇拉即是在那裡相遇的。薇拉的家族是波士頓水晶玻璃產業中的龍頭。然而薇拉和格哈特一樣，處於自我放逐的狀態且身無分文。

精采的來了，因為這完全不是他們的作風——他們決定要結婚。朋友紛紛勸阻。

這太蠢了，我們這種人是不婚的，不用 3 天你們就會離婚。

不管，我們要結婚。

後來，格哈特想回德勒斯登處理家族事務，他的友人極力反對。

你這是瘋了嘛！千萬不要回德國！你根本不曉得希特勒會幹出什麼事！你會死在他手裡！

哎！就兩星期而已，我們去去就回。

7. 義大利卡布里島自從 19 世紀以來，成為羅馬貴族與諸多藝文人士如王爾德、里爾克、考克多、畢卡索等人的避難、避暑勝地。1930 年代末與 1950 ～ 60 年代又一度掀起熱潮。

整個戰爭期間，他們都被困在德國。

格哈特被抓到軍中，他們要求他為納粹軍官演奏，他拒絕了。這個男人寧死也不妥協。在這一點上，我認識的人沒一個像格哈特這樣。

薇拉因為是美國公民，被力勸返回美國，但她不願意。

我要跟我丈夫在一起。

他們把格哈特送到負責修繕屋頂的工事部隊，當時正值寒冬，對鋼琴家的手是很大的損傷。

薇拉奮力與當地上層指揮官斡旋，最後終於讓他們理解，就為了他們那些荒謬的理由，一個德國鋼琴家要被犧牲了。另一方面，她也說服格哈特接受軍方要求，但不是替軍官而是為了士兵而彈。

於是，他為士兵演奏了。因此拯救了他那雙手，甚至是他的性命也說不定。然而，這段經歷對他造成極大的打擊，我認識他的時候，他已有著嚴重的神經衰弱症狀。

他們經歷過慘絕人寰的德勒斯登轟炸。
當時他們住在叔叔家，
格哈特說這個叔叔是德式固執的代表，
情勢極為惡劣之際，
所有人都躲到地窖裡，
但他叔叔卻堅持要先替客廳的掛鐘上發條才行。

他可能會在上發條的時候被炸死啊！

最後，他們大難不死，落腳於泰根湖畔，也就是我與他們相遇的地方。
他們抵達的時候，巴頓將軍的別館就在湖的另一側。

美軍參謀部打字機短缺，巴頓於是派人徵收附近居民所有打字機，包括薇拉的也被拿走了。

她親自去見巴頓將軍，對他說：

> 我是您的美國公民，而我先生是個正直的人，我們向來很守規矩，
> 這些您很清楚。而現在您將我唯一寶貴的東西給奪走了，
> 還有什麼能帶給我安慰，讓我養活自己？

她要回了自己的打字機。
薇拉就是這樣的女人。

28

我也該談談一位名叫吉瑟拉的女孩。

她跟我同年，是美軍的電話接線員。

她的工作由參謀長任命，

而她父親可是德國國防軍（Wehrmacht）的將軍，但不是納粹。

她有著一頭金髮，說多美就有多美，人又相當聰明。

我們成了朋友，或應該說是同事。

其他人不太喜歡她，叫她「克普的嗯爛小納粹」。

她的確相信納粹主義，且遺憾這樣的操作無法實現。

她帶我認識了她的母親與小她兩歲的妹妹。她母親實在是個無比端莊的德國女性，非常謙遜。她父親在對抗俄軍時戰死了，在他們家中壁爐旁有個小甕，裡面裝著從她父親墳上取來的土，旁邊有一封署名阿道夫·希特勒的致哀信。

除了我要給吉瑟拉的一點菸以外，她們什麼都不願意收。而我總是可以吃到幾片烤土司，因為沒奶油，上面會放點培根。

我父親過世時，我的母親和妹妹都離開了柏林，只有我留下來。

我想留到最後。

結果，到了 3 月底，我父親的朋友想辦法幫我弄來一張火車票，是最後一班從柏林出發的市民列車，我收下了。但我痛恨自己竟也想離開，這跟逃兵沒兩樣。

火車離站時，月台上有個女人從窗口把她的嬰兒塞到我懷裡，說：「求求您，救救我的兒子！」

我想：「這下可好，20 歲帶著一個寶寶。我怎可能帶著一個孩子回家。」我盡我所能顧了他幾個小時。

幸好，車程途中，那個母親來找了，她最後也成功搭上車，從我手中接過孩子。

有一次，我說服吉瑟拉和我去美軍舞會，她對我說：「跟美軍跳舞讓我覺得很噁心。」但她還是接受了我的邀請。

G.I.
GARDEN
MUSIC
BEER
girlfriends
invited
OFF LIMITS
TO OFFICERS

除了當接線員之外，她還靠教村裡的青少年數學、拉丁文和法文來賺錢。
她其中一個學生個性很好，15歲，因為戰爭而變成孤兒，名叫克里斯多福。

一天晚上，他在下課後繼續留在吉瑟拉家裡聊天，我也在，他留到很晚，而我們都沒有注意到時間。

當時因為狼人游擊隊的緣故，還有極為嚴格的宵禁。
那是一群對德國戰敗感到相當失望的德國年輕人組成的恐怖組織，會在夜裡活動，非常危險。

克里斯多福和他的姑姑住在森林裡，他年紀還小，不適合一個人回去。

你跟我一起去？我們送他回家。

好啊！

身為軍人還違抗宵禁命令，這對我來說是很大的風險，尤其在滑雪事件之後，我已遭受過懲處。

我們輕手輕腳溜到外面，抵達了森林。

我們遇到兩個美軍巡邏兵，剛好與我們錯開，他們沒看到我們。

此刻我才意識到希特勒式的青年訓練有多扎實，因為吉瑟拉反應絕佳，她趴在林地果斷指揮我們的行動。

我們把克里斯多福送到家，再循原路回去。
等她一到家，我也就回自己的住處了，哈哈哈！
我就是這樣，老是幹些士兵不該幹的事。

克里斯多福對於擁有一個美國朋友這件事頗為重視。過了很久之後，我收到他兩封信。第一封信裡附了一張照片。他成為瑞士阿爾卑斯山一帶某間高級飯店的服務生。一身西裝無懈可擊。

第二封信裡，他寫道：
「我在一艘國際郵輪上當調酒師，跟著到處旅行，認識了好多女人和威士忌，好幸福。」

1958 年的時候，我在普瓦提埃遺失了通訊錄，也失去與克里斯多福的聯絡方式。

一天，吉瑟拉對我說：

行了，現在我有一袋 20 公斤的馬鈴薯，我要搭便車到海德堡繼續念書。

她離開了。
那些馬鈴薯
可以支撐她過一陣子，
因為那邊沒有東西吃。

人生很不可思議，
你懂嗎，
而吉瑟拉也是。

1946 年 3 月中，負責我們醫院行政的隊長跟我說我要被遣散，可以回美國了。我的兵役結束了。他又補充一句：

我需要一個助理，很希望你可以留下來擔任文職人員。

我還真沒想過。

服役期間因為接觸艾略特牧師的緣故，我決定日後要當一名牧師。我其實錯看自己了，但當時我是很虔誠的。我心想：「我得回美國，用我當兵攢來的軍俸上大學，我應該回歸普通美國人的生活，跟帕琪結婚，成為牧師，拯救罪惡的靈魂。」

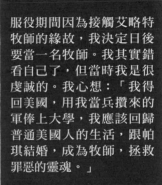

於是，我對他說：

不了，承蒙您厚愛，但我無法接受這份工作。我必須回美國。

一星期後，3 月 22 日，我必須前往巴德特爾茨，到總部領取我的退伍令，那裡距離巴特維塞 20 幾公里，是我返鄉的第一站。

我打包行李，在出發前夕與所有人道別，約莫早上 7 點時，我在我那心愛又小巧的房間裡醒來時，心想：

克普，看你幹了什麼蠢事。

我急忙打電話給隊長。

不曉得您之前的提議還算數嗎？我改變主意了，我接受。

很好，找一輛吉普車，到巴德特爾茨拿你的文件然後回來。我馬上通知，叫他們把你登錄為文職人員。

就這樣，我獲得了一紙 6 個月一聘的合約，這是個正確的決定。他們給了我一套可笑的衣服，說是文職人員制服。

兩星期後，隊長把我派到我們醫院在松特霍芬的小分院，靠近奧伯斯多夫，在阿爾高。那裡是天堂，位於德國最南端。

29

他們把我安置在徵收來給醫院的醫生、護士住的一棟別墅裡，那些人不太友善，姿態很高。牧師也一樣，不是什麼好人。

星期日，會有年輕德國基督徒來到美軍服務處。牧師打算成立一個類似俱樂部的團體，需要選出會長。我們得向他們解釋所有流程。很顯然他們對於所謂的選舉沒有半點概念。

我在醫院裡認識了一名德國水電工。
一個……我也不知該怎麼形容的男孩，16歲。他有個朋友是理髮師，年紀比他小；還有另一個伙伴，年紀又更小。他們3個都在山谷出生，替美國人工作。

我們很快變成朋友。有一天，他們對我說：

> 如果你有興趣的話，我們可以帶你去山上玩。

> 啊，當然好啊！我想去！

接著的那個星期六晚上，一如每個晚上，我把醫院的門窗一一上鎖，也就是說我有全部的鑰匙。

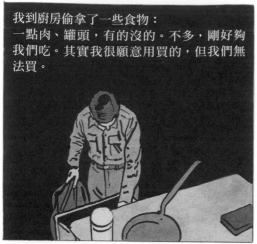

我到廚房偷拿了一些食物：
一點肉、罐頭，有的沒的。不多，剛好夠
我們吃。其實我很願意用買的，但我們無
法買。

凌晨 3 點半，一如我們的約定，我聽到 3
個小伙子的口哨聲。我從房間窗戶爬出去，
窗外是阿爾高一條小鐵路的軌道。

4 個人在一片漆黑中出發，
前往附近的山區。

星期日一整天直到過了午夜，我和他們走了好多條美妙的登
山路線。他們對整個山區瞭若指掌，還教會我實用的登山技
巧。

於是我們每個星期日都去爬山。跟我一起住的醫護人員根本不清楚我去哪裡，我再也不去彌撒了，我就這樣單純地消失。

這些伙伴帶我遊覽各式各樣美麗的所在：小巧的湖泊、高山牧場，那兒有著夏季進山放牧的羊群。

一次，我們騎腳踏車直達奧地利邊境，也不曉得他們從哪裡借來的舊車，通通沒煞車。

我們的重點是看誰在某些下坡路段騎得最快，要煞車就用腳。
超恐怖但是超好玩。

最特別的是，他們還教我如何像山羊那樣單腳下坡。超炫的技巧，花了 3 小時才爬上去的地方，不消 20 分鐘就能爬下來。
不過得有一雙木底皮面的好鞋。

有一次，我們也帶肯尼一起去。你還記得肯尼嗎？我之前有提過，就是那個人很好的小伙子，我送了他那只搶來的錶。

我們發現他有懼高症，在一些較難的路段，他說：「啊！太誇張了！美成這樣！我要上去！我要上去！」然後他手腳並用爬上去。

好長的一段路程裡，他就這樣爬著走，實在有勇氣！因為在山上這樣狗爬式前進，真的是……哈哈哈！

差不多 30 年後，大約在 70 年代初，我帶我太太重回松特霍芬，當時我們住在德國。出發之前，我請鄰居幫忙寄了小傳單，請他們夾在地區報紙裡，想試試能不能找到那 3 個朋友。我多想找到他們啊！但沒辦法，好可惜。

住在阿爾高的時候，有一次我順路到巴特維塞探望一下格哈特和薇拉，結果夫婦倆無精打采的，他們酒喝太多了。

我也拜訪了吉瑟拉的母親。

吉瑟拉啊，變很多囉！
她結婚了，我拿照片給你看。

她跟一位俄羅斯王子結婚了，現在住在慕尼黑。你看，他們兩個，旁邊是王子的隨從，有 18 人。

他們打算搬到美國南方去。喏，這張照片送你，我還有別的。

謝謝。

後來，我才聽說納粹逃亡到美國南方的種種，而我懷疑吉瑟拉曾幫助其中一個逃亡。此外，那個人極可能是貨真價實的俄羅斯王子，因為他們當中有些人非常親希特勒。那張照片後來不見了，我覺得好可惜，真想把它找回來，看看那些人的模樣。

好啦，6 個月的聘期很快就過了，在那段時間裡，我持續寫信給帕琪，而且，確實是因為宗教或一些愚蠢的理由，我們透過信件互許終身。我決定回去美國。其實我應該留在原本的崗位才對，我本來非常幸福快樂，或許能有一點截然不同的小小作為。

離開德國之前，我又去了一次巴特維塞。我跟格哈特和薇拉道別，並給了他們我在美國的地址：加州帕薩迪納高地街733號。我們約好要保持聯絡。

吉瑟拉的母親，這次給了我一張明信片，上面寫著我的名字，沒用信封，很明顯是匆匆寫就，然後在慕尼黑寄出的。

明信片上是一隻展翅的鷹，非常俊美，那種我們在動物園看到的猛禽類，背面用英文寫著：「Dear Alan, the eagle has spread its wings. 吉瑟拉」

「老鷹展開了牠的翅膀。」這很像她的作風，且這句話的意思是：她真的要離開，永遠不回來了。

我在阿爾卑斯山的經歷，便在此告一段落。

30

就這樣，我回到了美國。
我在紐約下船，搭車回加州。
中間先去了小盧家，
他住在新澤西，河的另一邊。
我怎可能離他這麼近還不去找他呢?!

小盧把我介紹給他的家人和未婚妻認識，他很認真地對我說：

留下來吧！我弟跟我打算來蓋房子，我們可以合作，3 個人一起打拚。

也許我該留下來？天曉得。但我不這麼認為。

我也在堪薩斯停了一會兒，拜訪了艾略特牧師，他非常親切地招呼我，而之前他跟我大力讚美的太太也在。她比牧師小 15 歲，如假包換的美女，長髮烏黑，內斂、高貴，但要化身為雜誌封面性感女郎亦無不可。。

我可說是因為艾略特才會興起當牧師的念頭。在一些擁有信仰的人身上，真的存在著強大得駭人的東西。

最後，我總算抵達了加州。

我認識了我的未婚妻。我和艾吉兒很熟，但對帕琪所知甚少。事情進行得還算順利，除了艾吉兒根本不希望我跟她妹妹結婚。

她並不是因為忌妒（艾吉兒自己也準備要嫁了），只是她不認為我是適合帕琪的人選。她是對的，這實在不是個好主意。

我有一輛老爺車，雪佛蘭34，雙人座加上行李艙座椅，經由我父親保養整理過。我載帕琪到聖塔芭芭拉玩了一天，來回大概開了超過300公里，我們走的是一條古道——皇家大道（El Camino Real）。

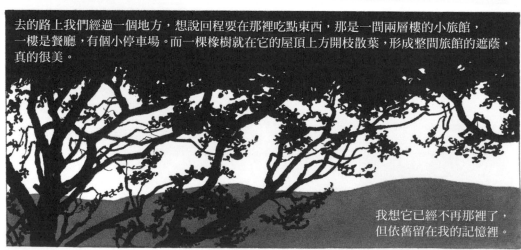

去的路上我們經過一個地方，想說回程要在那裡吃點東西，那是一間兩層樓的小旅館，一樓是餐廳，有個小停車場。而一棵橡樹就在它的屋頂上方開枝散葉，形成整間旅館的遮蔭，真的很美。

我想它已經不再那裡了，但依舊留在我的記憶裡。

有一次，我和帕琪帶著她爸媽一起出遊，發生了車禍，那次是她父親開車。

那天我們開的是一輛古董林肯汽車，車門是反開的，他為了吐痰打開車門，結果一陣突來的風，讓他失去平衡。

他手一鬆，放掉方向盤，車子便往低處偏，而他就錯在想把車子拉正。

車子翻覆，滾了好幾圈。

車子翻覆，滾了好幾圈。

我的臉撞到車頂，撞了好幾次而且撞擊力道相當劇烈。

我們全都滯留在鄉下一間小醫院，其實就是間診療室而已。我的臉上有多處挫傷。

隔天，帕琪和她爸媽都出院了，但我不行。他們把我留下來觀察了 4 天，要我平躺，不用枕頭。

醫生沒有儀器可幫我照片子，擔心我的腦部會有損傷。我受不了了。

醫生，我什麼時候可以出院？

目前你還需要觀察。

今天早上你的脈搏只有 40。

那你可以把我留到天荒地老了，我每天早上的脈搏都是 40 啊。

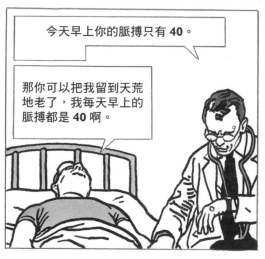

他打電話跟我父親確認之後，就讓我出院了。

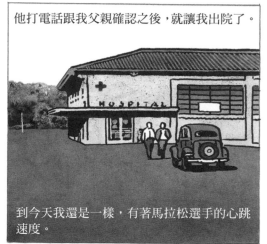

到今天我還是一樣，有著馬拉松選手的心跳速度。

雷德蘭茲大學接受了我的申請，這所學校位於洛杉磯和棕櫚泉之間。說來得感謝我的戰士津貼，要是沒那筆錢，我是無法重回校園的。在美國，對於想要成為浸信會牧師的人來說，雷大是一所頗負盛名的大學。

每個周末我都開車回帕薩迪納，油錢也是一筆開銷。我手頭真的很緊，剛好夠用而已，得找個工作來補貼才行。

我從輔導一個富家少爺的功課開始，他應該是……唔，12 歲或者再多一點。
一星期兩堂家教，但是錢不多。那可憐的小子狀況糟透了，他就住在廣大的橘子園裡，那是
他爸媽的田產，房子很現代。

屋裡有不少精品，此外所有地毯都非常厚、色澤雪白，我說白是真的白，像用了 Persil 洗衣精那樣的白──從這一點就可以知道他們有錢到什麼誇張的程度。當然，他們有個傭人每天就只負責清洗地毯。

我那年輕的家教學生擁有的可不是一個房間，而是一整套起居室。一進去的空間算是客廳，再來是書房，然後臥室，裡面有浴室和延伸出去的一個小工作室。他受盡各種你所能想像的精神折磨，而且完全沒配合的意願，他心裡真的病了。

我很快發現自己對他無能為力，因為他不希望別人為他付出，再加上薪水很少，我就打退堂鼓了。

我把這個家教轉介給另一個大學生，後來他跟我說：

我把他痛打了一頓，現在慢慢有起色了。但說真的他實在很難搞，非得嚴格要求才行。

我在附近一名牧師管理的房子找到另一份工作。那棟房子有兩個房間，後面是個小運動場，讓附近貧困的墨西哥孩子可以活動筋骨。

屋子裡很空，就幾張長椅、一張空桌子。還好，加州的天氣一向不錯，孩子們可以在外頭踢足球或是擲馬蹄鐵遊戲。

牧師是個無趣的人，根本不曉得如何與孩子相處，因為他不想花心思在他們身上。上帝看走眼了才會讓這個男人當牧師。當然他知道怎麼禱告，但也僅只於此。

我週間會不時到那，把運動場開個一小時，6、7個墨西哥小孩會來，不會再多，其中4個是固定班底。

我心想：「不管如何，應該帶他們做點事。」我向這4個孩子提議道：

我有車，我帶你們去山上踏青。

其實就是健行啦！

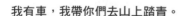

哈，你也知道，小孩就愛這個。

可以的話帶個三明治。我也會想辦法帶一些。重點是，要徵求你們爸媽的同意。

他們都不太管我們在幹嘛啦！

我們在星期六早上出發，我旁邊坐 1 個，另外 3 個坐後面行李艙座椅。

我帶他們去了個與世隔絕的地方，走一條僻靜小路，那是我無意間發現的。

這幾個孩子當然都沒什麼教養，我得時時刻刻盯著他們，但一切還算順利。我們越過了山谷、爬樹、還拍了照。

他們回家時都很開心，我們之間的關係更親密了。後來我回歐洲時，裡面年紀最大的孩子寫了信給我，他一直跟我說，那天對他而言是多麼難忘，他名字叫東尼。

我在雷德蘭茲也交了幾個好朋友，
比如弗林特。

弗林特非常虔誠。因為他很窮而思慮多，
突然患上了抑鬱症，那是我生平第一次看到
身邊的人遇到這種狀況。他被送到大學附設
的診所靜養。

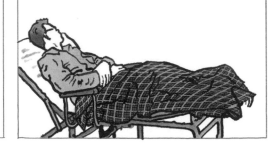

有一天，
他介紹了蘭迪給我認識。
蘭迪跟弗林特截然不同。
他有錢、有輛小車，
而且他父親幫他在城裡
租了個套房，很舒適，
有獨立的出入口。
他比我最小的弟弟還年輕
4歲，也就是說，
他沒當過兵、
沒經歷過戰爭。

蘭迪的下唇很厚，但是很適合他，他的臉撐得起。他沒有女
朋友，倒是曾說過有個花癡糾纏他不放，怎麼甩都甩不掉，
還挺好笑的。
我很喜歡這小伙子，他討厭宗教，無法理解我怎麼會想當牧
師。於是，我們後來基本上都不談論宗教了。他滿聰明的，
非常可愛，沒半點攻擊性，屬於不會害人的一類。他聽巴洛
克音樂，是個詩人，我說他是個詩人，意思是他文筆很好，
而且想成為作家。

除了我們主修的「人性」這一科之外，他還選修了「創意寫作」、「心理學」，心理學我也有修。

有個我渴望理解、卻一竅不通的科目，就是英美詩。他教了我很多，我還保留一本英國現代詩選集，上面有他在目錄的註記，他邊畫邊說：

你可以讀這首，這作者不錯。

這位也行。

還有這首，好詩。

我還記得他偏愛的一位美國詩人叫做卡明斯。

一天，戶外搭起了一個大帳篷，有牧師在裡面主持盛大的基督徒集會，這是早期的作法。中央走道鋪滿了木屑，人們會走到講壇前說「我相信」，並把自己的靈魂獻給上帝，諸如此類。

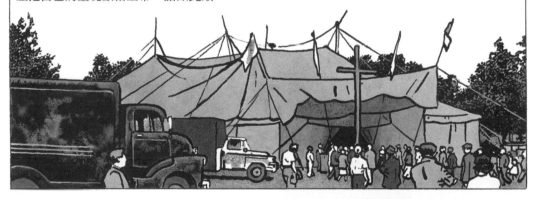

那過程很戲劇化，而說真的，我是很認真看待的，雖然那種誇大的展現方式我不太喜歡。我帶了蘭迪過去，想讓他見識見識這奇特的景象。

結果他呢，儘管是個有禮貌的孩子，卻噗哧笑出來而且停不下來。

某一次週末，我去他家拜訪，位於科羅納多的聖地牙哥海灣，剛好是墨西哥邊界北邊。那裡有的就是錢。蘭迪的父親已經退休了，他原本在做什麼呢？說了你別嚇到，他是艦長，位階相當高，相當於陸軍的將軍，非常富有。

我住在客人專屬的房子裡，位於花園。裡面有客廳、浴室、臥室、好幾間廁所，連書房都有，文具一應俱全，信紙、信封、郵票……。蘭迪對我說：「我爸爸希望他的客人在專屬的房子裡一樣不缺。」

到了晚上，我們圍坐在壁爐前喝餐前酒。蘭迪的父親沒有架子，非常親切隨和。我才剛退伍 3 年，對他是十分尊敬的。過了一會兒，蘭迪央求：

老爸，你應該為阿蘭唱首歌。

啊是嗎，好啊，想聽哪一首？

電話 [8]。

於是他站了起來，為我歌唱：

I just called up to tell you that I'm ragged but right
A thievin' gamblin' woman and I'm drunk ev'ry night

（打電話來只是要告訴你我渾身破爛但我很好／好偷好賭的女人，每晚喝得爛醉）

I eat a porterhouse steak three times a day for my board
More than any self-respected gal can afford

（我餐餐都有紅屋牛排可以吃／比任何潔身自愛的女孩都吃得起）

8. 原曲為喬治・瓊斯（George Jones）1956 年的〈I'm ragged but I'm right〉，但這裡改以女性為主詞，與原曲多所出入。

I got a big electric fan to keep me cool when I sleep
I got a big and handsome man to play around with my feet

（我入睡時有電扇吹／還有高大英俊的男人繞著我轉）

Oh, I'm a thievin' woman, gamblin' woman, I'm drunk ev'ry niiiiight...

（噢，我是個偷竊的女人、好賭的女人／我每個夜～～～晚都喝得爛醉……）

I just called up to tell you that I'm RAGGED but right!

歌詞我就不用翻譯了吧？
我還真料想不到那場面。

（打電話來只是要告訴你我渾身破爛但我很好）

第二個學期開學時，
史丹佛大學——
這學校位於帕羅奧圖，
差不多在舊金山南部——
公告要舉辦一個特殊課程，
主要對象是期望
深入研究耶穌教義、
進而用之於社會的學生。
主持這個課程的人
感覺很有意思，
地點也吸引人：
舊金山和大索爾灣之間的
濱海紅杉林。

我提出申請。弗林特贊成但蘭迪反對。

你在那森林裡要幹嘛？
除了浪費生命之外？

蘭迪要到柏克萊，
繼續他的學業。

我通過了審核，雷德蘭茲大學批准我休學
3個月，我便過去上課了。

229

除非親眼看見那整片沿著加州海岸生長的紅杉林,否則我們無法想像它將引起何等震撼。照片無法說明什麼。那真是一棵棵巨樹,讓人彷彿置身另一個星球。

一班約 30 人左右,專題課很值得聽,能啟發思考。討論也有意思,我還記得其中一個論述主題是:「針對以結果來評析行動之利弊這種思考,應反轉為:由行動判斷結果。」

我們也練習自由舞蹈。非常愉快舒服,而一群人在這般場景下舞動,著實奇異。

有時,我會彈彈風琴。

林下植物綠意逼人,用英文的說法就是「lush」。蕨類長得相當高,高到我們竟走在它的葉面下。

自由活動時,我會散步到頗遠的地方。
一個人優游森林,不時抬頭但從來看不到樹頂,很夢幻。

一天，我發現了一件不尋常的事：一邊
4棵的兩列巨杉，雙雙平行排成一直線。
這可說是個巧合，因為那裡並非人造林，
而在自然界中，直線是非常罕見的現象。

現在回想起來，那場景好比有著巨柱的
埃及神廟。不過當時我比較像基督徒而
非埃及人，所以我稱它為「教堂」。
我還帶班上幾個朋友去朝聖。

有一次，我們去到大索爾灣，看了海。

柏克萊距離我們上專題討論課的地方不遠，於是我申請了外出許可去找蘭迪，獲得批准。我的老爺車爭氣地讓我開到目的地，要開一小時哩。

我在一間學生宿舍裡找到蘭迪，他見到我很開心。他的同學想知道我在巨杉林裡做什麼，我大概描述了一下，他們覺得很荒謬。

我們去了蘭迪的住處，在校園裡，緊鄰一個小車庫。我們在這車庫頂聊了一下午，躺在舊床墊上、晒著太陽，彷彿在沙灘上日光浴。

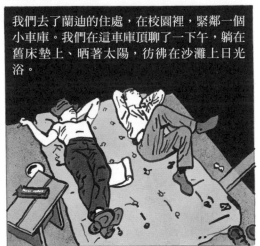

晚上我回到了紅杉林。我必須說，當我深入一想，便認真質疑起自己正在做的事。

然後某個早晨，我收到一封格哈特與薇拉的信，我嚇了一大跳，上次收到他們的信還是來自德國，而這封的郵戳是帕薩迪納。

歷經一段時間後夫婦倆明白了，格哈特在德國無法找到音樂相關的工作；所以在薇拉一家的邀請下，他們飛到了波士頓。

薇拉的家人希望格哈特能在美國自力更生，比如到高級俱樂部酒吧演奏，有何不可？但是他說：

不，我不想，那不是我的風格，我是個古典鋼琴家，如此而已。

他十分抑鬱，薇拉也是。薇拉父母帶他們去看了心理醫生，經過檢查之後，心理醫生說：

很簡單，不要干涉他們。給他們 400 美金，看他們想去哪裡就幫他們買張機票，然後揮手道別。

格哈特和薇拉盤算：「我們有哪裡可以去？去帕薩迪納吧！阿蘭的家鄉。」他們從洛杉磯起飛，接著到我家但我不在。我父親跟他們解釋了我人在北方紅杉林、還有我在那裡做什麼。

所以啦，就這樣，他們寫了信給我。

那封信的第二部分開始，
語調變了。
格哈特劈頭寫道：

「阿蘭，你錯了。」

他試圖勸我不要繼續我所選擇的道路，
因為他非常反對基督教。
他不是反耶穌，
只是認為耶穌並非上帝之子，
且無論如何，
在他看來，
我們不該是透過這樣的方式
來理解或奉行宗教。

他的說法與我和蘭迪的討論、以及逐漸在我心中冒出的疑惑不謀而合。
我回了信，而接下來幾個星期他又陸續寫了好幾封信給我。

一個美麗的早晨，
我體內的異端思想
甦醒了。

就在那一天，在 30 人的課堂上，我站起來說道：

我不認同，我認為這一切都是假的。
我們面對生命的態度不該是如此，
對待精神性亦然。我決定退出。

我跟所有人道別，
收好行李，
開著我的車離開了。

32

格哈特和薇拉在帕薩迪納安頓下來。他在教堂裡演奏管風琴好維持生計，但是這與他的信仰有所衝突，而且他根本搞不懂美國的禮拜儀式。

薇拉則挨家挨戶賣牛奶。

在這段時間裡，帕琪決定取消婚約，她認為我沒有能力愛她。她的判斷是對的，她很快遇到了另一個對象。

而且這一切沒有引發任何不快。我還出席了艾吉兒的婚禮，就如同他們家的一份子，連彩排時都到場。在那個年代，正式舉行婚禮之前，我們會著正裝，將婚禮一整天的流程跑一次。

我沒有回去雷德蘭茲大學，
我清楚自己想要的，是歐洲。
我對美國不再有愛了，我不喜歡美式生活。
我愛這個國家、土地、人民，
但不再喜歡美國的思維方式。
其實美式思想有很多優點，
但是缺乏了存在的本質。
也因此，從某些角度看來，
美國的發展是這麼糟。
大部分的美國人活在生命的表層，
而我希望活出本質。
我不曉得你是否心有戚戚焉，
但我是打從心底這麼想。

自此以後，我唯一念頭便是存到足夠的錢，
讓我能買一張到法國的機票。

為什麼是法國？我從沒提過這件事，
因為這牽涉到我的成人生活，我們很少談到這一段，
但為了讓你容易理解我還是講一下好了。

1945 年我到歐洲時，曾邂逅一名法國女子，
不偏不倚，就在 4 月 1 日那天。

你們法國人說「四月魚」，我們美國人說「四月愚人節」。
當時她穿著一件輕便的防雨披風，非常可愛。

我在巴特維塞時，
有一次獲得許可到巴黎短暫待了幾天，
還跟她見過一次面。

和帕琪解除婚約之後，我寫了幾封信給她，
由格哈特幫我翻譯。她的回信也是格哈特幫我翻的，
因為當年我半個法文字也不認識，而她不懂英文。

總之，我們約定，我將去找她，
而她會等我，一起在法國展開新的人生。

我在帕薩迪納市立醫院找到一份工作。在那種時局，要當上護士助手並不難。
一個男護士迅速把該做的各種事務跟我講了一遍。

男病患和女病患是分開的，所以我只負責
男病患，除了極少數的例外。
順道一提，這工作真的十分有趣。

我學會了聽診、在床上幫他們洗澡。術後的
病人會繼續住院接受照護，不像現在很快會
被趕出去。

我照顧重症病人，看過他們之中很多人死去。
要是值夜班，常需要把遺體送到醫院地下室
的太平間，然後放進冰櫃。我們必須替他們
做一些防範措施避免他們「滲漏」，等等。

夜裡不忙的時段，我們會分組清潔數以萬計
的針頭。因為在那個年代，針頭是會回收
的。接著，我們好好將之磨尖，然後跟一堆
其他東西拿去高溫消毒。

這部分講得
夠多了。

格哈特和薇拉租了間小房子，在玄關放了一架鋼琴，讓格哈特作曲。薇拉則當上牛奶銷售的領班，要負責提振其他銷售員的士氣。

對於他們這種熟悉湯瑪斯・曼、保羅・克利、艾茲拉・龐德或是考克多的人來說，真是很弔詭的狀態。

格哈特在好萊塢遇見了一位表現派舞者，他們在一間名不見經傳的小劇院裡合作演出，我去看了，真的很精采。

演出結束後，他到劇院辦公室去拿他的酬勞，結果辦公室空無一人，老闆捲款逃了。

他找到了負責人時，他們毫不掩飾地對他說：

我們一直都用這招啊。

格哈特笑了，他說：

這樣不妥吧。

他拿這些人沒輒。

許多格哈特在歐洲認識的藝術家，二戰時都逃亡避居到加州且有很好的發展。我向父親借了車，跟格哈特和薇拉到比佛利山莊或好萊塢拜訪他們。

我還記得一位上了年紀的女士，我不知道她叫什麼。她的房子玄關掛了一張肖像，是達利幫她畫的。

我也記得有一對夫婦住在一棟富麗堂皇的別墅裡，就在好萊塢的山坡上，靠近葛瑞菲斯天文台，即詹姆士‧狄恩電影裡著名的天文館。我們從高處進去，因為房子蓋在陡坡上。屋裡有著兩層樓高的觀景窗，可以俯瞰整個洛杉磯。那個年代，煙霧污染已經開始，但影響還不至於太大。50公里的城市燈火在我們腳下鋪展，令人難忘。那當下，我目睹著這些建築華麗而且充滿現代感的場面，而眼裡，仍浮現歐洲戰時的影像，兩者混在一起，讓我思緒紛亂。

另一對夫婦租的房子坐落在大自然,位於內華達山脈腳下一片冬青櫟林裡。一天晚上,我們過去晚餐。

房子很棒,附近沒有其他干擾,只有森林、山巒以及屋前一片草地。

那個年代,加州的土地可說是廣漠無邊。

我們在大露台用餐,一人一張扶手椅,像法國中世紀城堡裡那種,皮製椅墊,靠背高過頭。

我們的東道主說:

你們等著看,入夜時會發生不可思議的事,我先賣個關子,不然就不叫驚喜了。

用餐完畢後,我們吃了甜點和一堆有的沒的,黃昏提前到來了。

好,現在,是時候了。

一群來自山裡的小狐狸出現了，
大概 3、4 隻。

牠們在草地上玩耍，根本和小孩沒兩樣。

玩了半晌，牠們靠了過來，跑到露台。

別出聲，屏住呼吸，保持安靜。

這群小狐狸圍著桌子轉，就在我們的扶手椅
後方。牠們想吃桌上的食物，可不是？

接著，牠們跳上扶手椅椅背頂端，繼續繞著
桌子轉，牠們平衡感非常好，跳過一張又一
張。

你能想像那畫面嗎？
奇幻無比，那是在試探我們。

等牠們覺得一切順利之後，便會跳到桌上，
吃桌上的殘渣剩菜。

在這過程裡，我們維持了好一陣子不動，
接著，牠們便離開了。

這戲碼每晚都會上演一次。除了有時
人太少，牠們無法圍著桌子繞圈圈。

如果只有我們兩個人，牠們就
會從這張椅子跳到另一張，直
到牠們放心才敢上桌。

這些狐狸並不是人養的，純粹是
因為牠們不曾被人類傷害過。

你或許不信，但整個經過完全
如我所說的這樣。

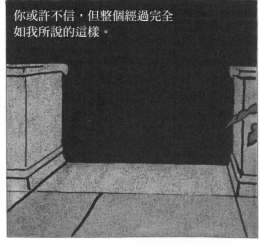

33

有一回，我們完成了一趟重要的旅行。
前面我提過濱海的紅杉林，
事實上，那還不是我們在加州所能見到最為壯觀的巨杉林。
面積最廣闊、最古老的紅杉林位於內華達山脈。
格哈特和薇拉想去看。他們是對的。
他們鍾愛那些應該愛的事物。
格哈特說來回旅費、油錢都由他負責，
他一貧如洗，這對他來說不是筆小數目。
他說服我父親借我們幾天的車，
我們便出發了。

他們想穿越沙漠過去。
說實話，那區段的沙漠不是最美的，
我們其實應該走濱海，景色更加秀麗。

我記得路邊有一間墨西哥小館，店內很乾淨，食物辣得要命。我因此才明白酷熱國度之人吃辣的樂趣。

在那樣的熱浪下，正常流汗時，我們只知道我們有流汗，因為馬上就蒸發了。但當我們辣呼呼吃飽以後，滿身滿臉都均勻覆上一層汗，薄薄的，而且會維持一段時間。

於是，稍微一點點風吹過，即沁涼無比。

稍晚，我們穿越農業區成片開闊的田野，
直到抵達紅杉公園所在的山腳下。

從這條路過去很令人驚喜。
因為途中有好一陣子我們一邊爬升一邊想：
「怪了，大樹到底在哪啊？」

不料一個轉彎，從山的一側出來，遠遠地我們便看到了一棵樹。但那樹真的是！
把距離及圍繞著它的森林算進去，它彷彿巨無霸。

傳說中的巨木林立在道路兩旁，我們激動不已。

我在遊客中心前面停下車。
他們有小木屋可租，
這簡直完美，
因為我們住不起旅館。

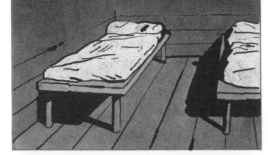

小木屋共有9間，一間挨著一間，裡面全部都是原木，非常陽春。另外有個小廚房，可以使用電爐，但我們沒有電爐。床是用木板任意組成的，一張髒草蓆權充床墊，被子是我們自己帶的。

我們到一間雜貨店買了點現成的食物，簡單快速。大家等不及要進森林了。

我們挑了一條健行路線，我很訝異森林裡的人竟然這麼少。遠處有個人獨自走著，又隔一段距離是對情侶，再來幾乎沒人了。

我們發現有一群母鹿尾隨著我們。

牠們近距離這樣跟著，幾隻小鹿在母鹿身旁穿來撞去。母鹿不驚慌時，眼睛真是無可比擬的夢幻，而我們，彷彿成為牠們眼裡另一種無害的動物。

持續有告示牌上標註：

謝 爾 曼 將 軍

這棵地球上最巨大的紅杉，亦是地球上最巨大的生物，
是以南北戰爭時的將軍命名的。
我們有輛坦克也叫這個名字。
我是贊成啦，他的確是個優秀的將軍，
不過對一棵樹來說有點可惜。

親炙這棵巨木之前，我讀
過一些與它相關的文章。
當年它約莫 80 公尺高，而
後來一定繼續長因為它還
活著；直徑 10 公尺，樹圍
有 25 公尺，樹齡 5000 年。
這段時間疑似聽說它的年
齡被減了一半，這樣對它
也好。

我們繼續向前行，穿越各種大樹，等待巨木現身。
比起海邊的森林，這裡的林下植物較為稀疏瘦小。

突然，它就這樣出現在我們眼前。

有一點得說明的是，
這棵樹啊，
我們還沒看到它之前無法想像出它的模樣，
而當我們看著它時並無法理解它，
我們只是感受著它，如此而已。
再說，我們也不算真的看到它。
我們後退，
森林便將之遮蔽；
我們抬頭，
樹頂其實掩沒在枝葉之間。
我們看到的僅僅是樹幹。
它那巨大無比、駭人的樹幹，
還有那又紅又厚的樹皮，
處處裂痕。

與巨杉紅木對話

旅程，自雪白炙熱凍漠飛撲而來。
高山淬鍊自湛藍呼吸
燃燒著，鏽紅似火四百年
Sequoia 是印地安名

傳說，在哪裡？
誰看過你？
小鹿
蛇
火
數回那棵樹
你時間起始之點
兩倍於此
而我的母親擲著小齒輪
在空中旋轉
我沒有傳說！

我是長長一排箭裡的最後一支
離開阿波羅的那一支
或是支撐地球的柱子
如耶和華當年所繪
或是航行月船的桅杆
擱淺自火星啟程的航旅上

別看我太久──很危險
（為什麼我要破壞這份寧靜？）
回去你的城市
你的傳說
與時間！

加州，1998

9. 原手稿見 329 頁。

接著我們沿著一條小徑，走了很久。一條極為狹窄的林徑，杳無人煙。

走到盡頭時，我們繞過一塊巨岩。

過了這一帶，就是碎石地面且沿路都有金屬欄杆。

走近欄杆時，薇拉發出一聲驚叫。

她轉身離開，跑向巨岩。

欄杆下是千呎絕壁（那邊有標示），
相當於 300 公尺的深淵。

微拉全身發抖，躲在巨岩
背面，緊緊靠著。

太恐怖了，我不敢看。

那我們回頭吧！

啊不，
當然不行！
你們繼續走！

我就留在這裡，這裡很安全。
我不會有事的，一個人也不
怕無聊，讓我緩一緩。

這倒是，她先留
在這吧，她沒問
題的。

我們讓薇拉留在巨岩旁邊，再度上路——如果這還可以稱做是「路」的話。前方愈來愈險峻了。

我原本不知道格哈特的平衡感那麼好，那時才發覺。他年長我 20 歲，看起來算是纖細瘦弱的男人，然實際上並非如此，以他那鋼琴家的指力，握手時足以把你的手捏碎。

我們必須穿過一難度相當高的地段，類似沖積而成的扇形碎石陡坡。踏錯一步，就可能摔落深谷，且沒有任何東西可以抓。

那邊有一條動物走出來的羊腸小徑，頂多一呎寬。

小碎步，兩隻腳不要一前一後交換前進，而是踏出前腳、後腳再跟上，眼睛盯著你腳下踩的地方就好。

好的。

這是我在阿爾卑斯山學到的技巧。

感覺經過好長一段時間，又看到路了。還是很危險，不過沒那麼可怕了。

終於，我們抵達了一個迷人的小湖，泛著土耳其藍。

這我們一定要下水。

不知道耶，水應該很冷吧。

看到這麼美的湖不下去泡一下，這怎麼行。你儘管留在岸上無妨，我可要下水游一下。

好吧，我跟。

我們脫到只剩內褲，說起來這很蠢，因為內褲照樣會濕啊！不過這點堅持對格哈特而言還是要的。

我們游過湖心到對岸，來回一趟，這湖不深，但湖水極冰。

接著，我們循原路回去。
全神貫注走著走衣服就乾了。

我們跟薇拉會合，
她愛死了我們在小湖的體驗。
我們回到營地。

之前我說過格哈特長得不好看，鼻子歪歪的。我從沒問過他，到底他的鼻子是在什麼樣的情況下整個偏向右邊？抑或生來如此？我應該問的，是我的錯。年輕的時候，我犯的錯真是數不清。

薇拉也不算漂亮。但我覺得她很美，就像我人生中其他我認為美麗的女人一樣。我的克普奶奶、瑪塔，還有其他幾個實際上並不美的美女。薇拉有一種美，十分吸引我，那無疑是來自她的靈魂——無論我們如何定義這個字，這是一種比性格或血統更為深層的內在，讓她顯得很美。世上有許多人很美，然而那種美絲毫引不起你的興趣，或只流於表面。

翌日清晨，我們很早就被外面窸窸窣窣的聲響吵醒。

在我們木屋外面的通道上有一些垃圾桶，好幾隻熊一邊嗅、一邊用爪子在桶裡翻找。

遊客中心的人曾事先提醒我們，可以安靜走出來，但不要靠近牠們。只要我們不打擾牠們，牠們也不會傷人。於是我們走到外面，保持距離看著這一幕。

觀察牠們的一舉一動真的好有趣。

過了一會兒，太陽出來了，附近漸有動靜，人聲喧鬧，熊於是離開了。

好啦，這就是我們巨杉林之旅的精采回顧。回程很遠、很熱，也夠累了，除了一路往前開，沒別的事好做。

34

講完美國的生活之前，我想提一下班納，我跟艾吉兒共同的朋友。

小班是個有點害羞又內向的人，他很聰明，卻無法通過高中會考。事實上，那是因為他發現自己的同性戀傾向。他從未有過性經驗、戀愛經驗等什麼都沒有，但他知道自己是同性戀，所以不知所措。

那陣子我常去找他。他很孤僻，但跟我碰面倒是很樂意，他熱愛電影也追星，所以常找我去好萊塢看電影。

我們借用他爸媽的車，由我來開。

有一天晚上，他問我能不能吻他，讓他感受一下那究竟是什麼滋味，我拒絕了。

我們因此不再往來。
我覺得很遺憾，
至今還是覺得遺憾。

過了好長一段日子，大概 30 年過去吧，我聯絡上艾吉兒，
信裡我寫道：「我想聯絡小班但聯絡不上，你能不能告訴我他的現況？」
她的回信只說：「別費心聯絡小班，沒用的，也別再提起這個人了，我不想談這件事。」
當時我不肯罷手，執意追問，最後是艾吉兒的先生在某封信的末尾加了一句：「小班很久
以前就死了。」

小班在 37 歲時死了，死在墨西哥城。
他在墨西哥經營美國一家很大的美妝品牌，似乎喝酒喝得很兇，後來腦栓塞。

而我們無法預料，是否一個舉動就可以改變他的命運。

35

終於，我存夠了錢，
可以買一張跨大西洋航線的
「美國號」郵輪船票。
格哈特幫我寫了幾封介紹信給他在
法國的朋友，特別重要的一位是
費南德 · 克隆林克。

我跟大家道別，然後啟程。
到了紐約，剛好遇到碼頭工人罷工，
害我哪裡也去不成。
我身上只有一點錢、
一個大行李箱和一個手提行李。

我打電話給小盧。

罷工持續一個月之久，小盧
收留了我。他跟太太住在娘
家，而他太太懷孕了。我還
記得她在廚房桌子親手做義
大利餃的樣子。

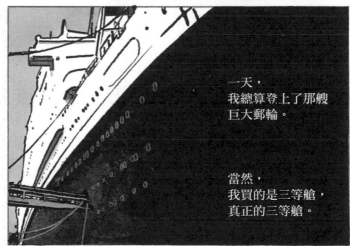

一天，
我總算登上了那艘
巨大郵輪。

當然，
我買的是三等艙，
真正的三等艙。

我在船上認識了一個英國女孩，她剛和一個美國人解除婚
約，準備回英國去。據說是她未婚夫的個性問題，加上婆家
的緣故讓他們無法再走下去。

那女孩挺特別的，也很好相
處，我們會一起吃飯，三餐
已包含在船票裡了。

第二天，她對我說：

話說阿蘭，你都不請我喝杯啤酒什麼的嗎？
你真的一毛錢都沒有啊？

這倒是，我身無分文，只能給她幾根菸，因為我菸有一整條。

我身上還有一些美金，等我回英國就用不上了，要不我通通給你好了，你請你爸媽給我寄點在英國找不到的玩意兒。

她寫了張清單給我，後來我寄給了卡洛琳——我的繼母。她納悶我認識的女孩究竟是何方神聖，她想要的是比如紫色的內衣、綠色的長筒絲襪之類的東西。這我都沒忘。

郵輪上的艙等對應到不同的甲板，每一層都是獨立的。三等艙的乘客不准跑到頭等艙去，就算是二等艙也不行，他們有專屬的電梯。

每天晚上，
頭等艙有豪華盛大的娛樂活動，
二等艙有舞會，
而三等艙什麼也沒有。
但這英國女孩想去跳舞。

甲板上有一部分區域頗為安靜且隱蔽，我們發現有小梯子繫在欄杆上。

夜色降臨，我們各自穿上最好的衣服。
我就那唯一一套西裝，
她則穿了一件漂亮的洋裝。
我們架好梯子，
接著冒險從這層甲板爬到另一層，
腳下就是大海，平靜無波。

然後，我們就去跳舞啦。

有一次，大家玩一個遊戲，每當音樂一停，所有人就得維持當下的姿勢不動。你知道這遊戲嗎？我們反應很好，於是慢慢地，其他人一一淘汰退場。

當舞池裡只剩下三組人馬時，我對她說：

接下來怎麼辦？繼續玩下去的話，我們可能會贏！

唔，且戰且走囉！

結果我們贏了！獎品是一瓶香檳。真是太棒了，因為那些個夜晚我幾乎沒喝到什麼，頂多一杯啤酒而已。

我們喝了香檳，循原路折返，但從此不敢再去了。

36

我就這樣到了法國，
前往巴黎，
跟我未來的太太
及她的家人一起生活。

幸虧有獎學金，我得以學法文。我還買了一
輛中古腳踏車代步。

那輛車跟了我 45 年，直到在這裡被偷，
那也是兩個夏天前的事了。

等到我的法文能力足以獨當一面時，我進了
工藝學校，在瑪黑區的多利尼路，那邊現在
是畢卡索美術館。

我想學陶藝，戰前我就有這樣的想法，且在
美國時我已學了練土，我喜歡捏捏弄弄，想
成為陶藝工匠。

學校還不錯，我結交了一個真正的朋友，
他叫做皮耶 · 列博[10]，來自洛特省，
天分極高。

10. 皮耶 · 列博 (Pierre Lèbe, 1929-2008)，為法國當代陶藝開創出新風格。

我想是時候去拜訪克隆林克先生了。他住在巴黎西北邊的帕特瓦一埃爾布萊，騎腳踏車過去可有一段距離。

我打了電話給他，他邀我去午餐。他早收到格哈特幫我寫的介紹信。我也找了一下我手邊的介紹信，沒想到卻遍尋不著。我明明很小心地收在我的行李裡。

那天，我穿了件巴伐利亞短褲出發了，當時是夏天。

克隆林克先生熱情地歡迎我，他跟他第一任太太同住，兩人原本分開了一段時間，後來才又復合。我一口菜法文，話講得結結巴巴，他應該覺得我有點古怪吧！一個傻裡傻氣的小子。

後來，
我的未婚妻坦承是她把那封介紹信燒了，因為她發現那封信上，格哈特請克隆林克先生勸我取消婚約。

我對格哈特很生氣。不久後他寫信給我，告訴我他跟薇拉在帕薩迪納顯然無法求得溫飽，
他們問了亨利 · 米勒，要過去大索爾找他。二戰開打前，格哈特在巴黎就認識米勒了。

後來，
1953 那年我想打破僵局，
當時我住在貝里，
心想要怎麼聯絡格哈特，
我覺得他們可能
已經離開了大索爾，
但我還是寫了信給米勒，
問他是否有格哈特的聯絡方式。

米勒用 1 便士的「明信片」回信給我，
就是正面寫地址背面寫訊息，
投入信箱就可以寄。
當時他手頭並不寬裕。
他說，格哈特和薇拉人在墨西哥，
但確切地址他不曉得，
他建議我去翻翻最新一期的
《Plexus》雜誌。

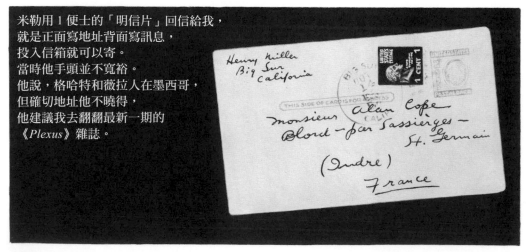

Dear Alan Wife —
    Gerhart & Vera are
now in Mexico
— where, I don't
know. Have just
written another story
— on Spain — for
Figaro or Match.
(I hope.) Have you
read "Plexus"
(Corrêa, Paris) yet?
    Sorry I can't
write more. Back
2 months now.
Had a marvelous
7 months abroad
+ will return
next year, I
trust. Henry Miller

終究，是格哈特重新找回
我們的連結。
他住在瓜納華托城，
在音樂學院裡教書。
他發現墨西哥比美國窮，
但較有人情味，
藝術家在那裡待遇較好、
較受尊重。
尤其，他覺得自己能對
當地人有所貢獻。
他作曲，而薇拉的詩譯為
西班牙文發表。

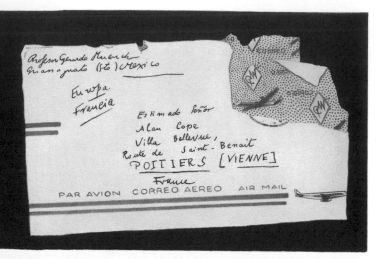

我們來回寫了幾次信，直到 1958 那年我離婚。彼時我身陷痛苦的深淵，一心認為都是格哈特
在我的婚姻裡下了毒咒。於是我寫信跟他說要將他從我的人生徹底抹除。我當然是錯了，
但在那種狀態下我實在……

收到他最後一封信時，
我只勉強拆封瞄了一眼，
不過我沒把信丟掉就是了。
然後，再無音訊。

過了一段時間，米勒的一本書出版了。書名是：

順道一提，這本書很受歡迎。
如同米勒一貫的作風，
他在書裡講述在大索爾的生活、
種種遭遇經歷。
其中有一些篇幅講到格哈特。
我把那些段落從書中摘錄出來，
法文版是羅傑・吉胡翻譯的，
由 Buchet-Chastel 出版。
你有興趣的話可以找來看。

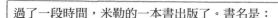

264　　11. 波希（Hieronymus Bosch, 荷蘭文 Jheronimus Bosch，1452-1516）為荷蘭畫家，在他著名的三聯畫《人間樂園》裡，「柳
橙」以及其他水果是天堂的幸福美好之象徵。

格哈特・孟許也是在安德森峽谷一帶練琴，用的是一架老舊直立式鋼琴，愛彌爾・懷特借給他的。格哈特不時會就著「音不準」的大鍵琴，給我們來場演奏會。有幾次開車路過的人會停在愛彌爾的小屋前，欣賞格哈特的演奏。當他徹底破產，陷入沮喪且開始構思自殺計畫時，我建議他（我是認真的）把他的鋼琴搬到公路旁，展現他的才華。我心想要是他經常這麼做，總有一天會和藝術經紀人不期而遇，為他籌畫演奏會（格哈特的鋼琴演奏會在歐洲可是赫赫有名）。但他從來沒認真考慮我的點子。當然，這作法或許不入流且略嫌自我炫耀，但是美國人就愛這一套。倘若一個表演承辦人發現公路上有人正依次演奏著斯克里亞賓那十首奏鳴曲，將會造成多大的宣傳效益啊！

......

　　時不時，通常是陷入困境之際，我在想前一晚在這裡，在我的水彩畫裡翻找的那個傢伙，我在想，當他兩次停下來欣賞其中某種「怪物性」時，是否曾思考過那究竟是在何種情況下構思並完成的？我在想，「他會相信我嗎，倘若我告訴他，那些是快速揮灑幾筆，就這樣完成的，且當時格哈特・孟許正彈著我那

架破鋼琴？他是否興起一絲懷疑，認為是拉威爾給的靈感？夜裡的加斯巴那個拉威爾？」就在格哈特一次又一次反覆彈著史卡波時，我突然完全失控，開始描繪音樂。好比上千部拖拉機在我的脊柱全速上下，格哈特彈奏的方式影響著我。節奏愈是急速，樂音愈是騷動不安，我的畫筆愈是靈巧在紙上飛舞。我無暇停下來思考。噢！噢！好個嘉寶！親愛的嘉寶！勇敢的蘭斯洛特・嘉寶，史卡波，巴爾波！快一點！快一點！顏料四處橫溢於紙上。我一身是汗，好想抓抓屁股但沒有空。上啊，史卡波！來吧，跳舞吧，跳舞！格哈特的雙臂如鞭子般甩動，我也是。要是他彈奏極弱音，他的極弱音彈得跟極強音一樣精采，我也跟著放柔放緩。我對樹噴灑殺蟲劑而花掉許多時間有何意義。我不明白我身在何處或我在做什麼。有關係嗎？我一手兩支畫筆，另一手三支，上面都沾滿顏料。於是它們流動，從這幅畫到另一幅，而我不停唱歌、跳舞、搖擺、跟蹌、咕噥、咒罵、鬼叫。為了加碼，我把其中一張放在地上，把我的高跟鞋整個踩壓上去（斯拉夫狂喜）。當格哈特的指尖逐漸被磨平時，我搞出了六張水彩（伴隨著可樂、裝飾奏和闌尾），它們會把禿鷹、混血兒或青鳥嚇得魂不附體。

37

20 年過去，
我從未成為陶藝工匠。

（我應該回過頭來解釋一下）

1950 年，在我即將拿到工藝學位的前 3 個月，由於獎學金審議委員會的失誤，我的生活費沒了著落。那時我已經結婚，是一個孩子的爹了。

我搭車前往康城，打算到一家磚瓦廠應徵工人。

我必須趕快找份工作。

我還記得到的時候是黎明，我走進一家古樸的小酒館，在吧檯點了一杯咖啡。

您的咖啡要加什麼呢？　什麼都不加，單純的咖啡就好。

她把咖啡倒在高腳杯裡端給我。

多少錢呢？　沒加卡爾瓦多斯的咖啡是多少錢？

她不曉得不加卡爾瓦多斯的咖啡要多少錢[12]。

---

12. 康城（Caen）位於諾曼第，而加入卡爾瓦多斯（Calvados，即當地特有的蘋果白蘭地）的咖啡即 Café calva，是源於諾曼第的特色飲品。

跟老闆碰面之後，他跟我說明了工作梗概，會很辛苦；而他也提到了薪資，會很低。

他指著一排簡陋的磚瓦房，說那是員工宿舍，唯一可安慰的是有自來水。

要是辛勤工作能有所回報，那麼艱苦的日子熬一熬也就過了。但是在那當下，天空太低了，而前景呢？毫無展望。我拒絕了這份工作，回到巴黎。

還好，取消了我的獎學金、讓我陷入困境的美國替我解了危。普瓦提埃的美軍基地在徵翻譯兼口譯人員。我的法文程度實在很普通，不過我別無選擇，一定要試試。

我搭上火車，穿上我最正式的服裝：一件還算新、還算體面的皮外套，褲子還過得去，一雙好看的高統靴，我還在舊鞋底上黏了新的鞋底，當時大家都這麼做。

抵達普瓦提埃以後，我去見了相關單位的亨利・米格利歐先生。

我依照指示走進一間相當寬敞的辦公室，裡面排了大概 10 來張辦公桌，每個人後面都有一位翻譯在忙，然後在辦公室最裡面，頗遠的地方，米格利歐先生坐鎮著。

我走了幾公尺，踩著沉著的腳步，想給人良好的第一印象。

突然，我清楚感覺到其中一腳的鞋底脫落了，而且落在我身後。其實我是轉頭一瞥，看到它躺在地上。

我不假思索一個轉身，鞋底就在我面前，而這一切都看在米格利歐先生眼底。我用力踩了踩，讓鞋底再次固著，我辦到了。

我做完測驗，犯了幾個嚴重的錯誤，但還是被錄取了。

別在意那些錯誤，多點實務經驗之後，您將會是一名優秀的翻譯。而且我必須說，您面對鞋底掉了時的沉著，讓我印象深刻。

而這個小測驗決定了我往後的職業生涯，因為我便以文職人員身分重回軍隊，直到退休。

我做的是什麼工作呢？律師的工作，儘管我不是律師。結果，我始終追著錢跑。我負責基地軍人與當地居民之間的訴訟，從闖紅燈到謀殺案都有。

基本上我都在填寫堆積如山的行政文件，但也有一些有趣的事。訴訟時我必須擔任口譯，我可是個好口譯。我負責很多入獄年輕人的案件，有些人到現在還會寫信給我。

美軍基地關閉後，我帶著我的第二任太太到德國的沃姆斯，直到退休。

等待我太太退休的那18個月裡，我去當了運鈔人員。開著一輛小貨車，駕駛座後面是封好的保險箱，一天10小時，我都穿梭在普法爾茨的路上，那年我50歲。

我從沃姆斯搭早上6點20分的火車，在車上讀德國日報，就算沒真的去學，如此一來也可以增進德文能力。

7點25分抵達威斯巴登車站，然後走路到工作地點。8點的時候，我已經在小貨車上了。

我必須繞經散布在普法爾茨地區的 10 個美軍福利社。有些位於市區，有些在鄉間，最偏遠的當然就是最隱蔽的。

我負責載送軍方郵件、包裹，還有福利社個別訂購的貨品，送達以後，他們會把其他要退回司令部的東西交給我。

每天，福利社的主任會親手把前一天累積的營業總額從保險箱上方那道縫隙塞進去。有幾次我收到的金額很龐大，比如剛發完軍餉時，可能會超過 10 萬美元。

我只有一個人、身上又沒武器，這應該是眾所皆知的事，不過我從來沒遭到襲擊。

我一直很擔心別人偷我的車，有一次車子拋錨，我不得不把車子留在路邊。還好，沒有走太遠就找到了道路救援。

我會在鄉間野餐，既詩情畫意又經濟，而且車子不會離開我的視線。一天在吃三明治時，我看到了一群兔子。

幾隻兔子就在我眼前，圍成一大圈，面向圈內，彷彿參與圓桌會議的騎士。

時間過去，牠們一動也不動地，完成了屬於牠們的小彌撒，然後成群消失。很奇妙，不是嗎？

其中位置最偏僻的那間福利社，附近什麼也沒有，位於森林裡的高地，入口不分日夜都有一個人荷槍站哨。
很明顯，這裡跟祕密軍備有關。

每次我抵達的時候，幾乎都遇到同一個衛兵，一個年輕的黑人。噢！他真的很可怕！非常嚴格，但也相當帥氣。

一開始他看我不順眼，把我當成敵人——他應該把所有人都當敵人看吧。要得到他的允許，好讓我把車子停在我想停的地方，簡直比登天還難。他真的讓我戰戰兢兢。

慢慢地，他意識到我對他並沒有敵意之後，兩人也就變熟了。看到我他會很高興，開心聊個幾句。不用說，這傢伙之前一定遭到很多白人的霸凌。

來講個小故事輕鬆一下好了：某一次我從這裡離開後，準備開下那段陡坡，從隱蔽的軍營所在的森林轉到一般道路。

當時是盛夏，非常炎熱，我穿著輕便的涼鞋，開到陡坡底時我想換檔，所以踩住煞車。

一陣無法形容的劇痛穿透我的右腳。

啊！

但是我還是得踩住煞車，我已經來到預計要右轉的路口了，而且眼前有一輛輛車經過。

就這樣，在哀號聲中我終於煞住了車。

我一頭霧水，這到底怎麼一回事？彷彿是有人往我腳底開了一槍。脫下涼鞋後，我在腳底和鞋底之間看到好幾隻被踩扁的蜜蜂。

相對來說，我的上司對我的表現很滿意，
而若我較早把工作做完，
我得回到司令部協助行政業務。
我對那些事沒什麼興趣，
所以大部分的時候我會開小差，
到最後一個營區時，
我會到裡面的圖書館拿一些書出來。

我把車停在角落，
然後坐在駕駛座上看書，
看到傍晚 5 點。
我就是這樣透過英譯本
認識詩人藍波的。

接著，我把小貨車開回去停好，
然後搭火車回沃姆斯。

說實在，那段時間還滿沉悶
累人的。很快地我對自己
說：好，接下來就這麼做。
不管對自己、對生活我都不
滿意，既然現在有一些空閒
時間，每一天，我要努力依
靠想像重新活出我的人生，
直到我理解這一切。

因為我的人生際遇很奇特。

我開始從頭思考我的人生。你知道的，我的記憶能回溯到很
久之前的童年時期。一個人 50 年的人生可以發生很多事，我
試著按照年份好好釐清，雖然未必都有辦法想起來。我重新
檢視那些人、那些情境，再一次理解那些字句。我所做過的
好事、壞事，其他人用什麼方式──不管是有意或無意地，
影響了今日所形塑出來的我。
這些，在那 18 個月裡日復一日進行，因為這樣一趟旅程是不
可能一次完成的。

這樣的嘗試很快變得相當有意思，
我從中獲得什麼等等那些諸多細節
我就不說了，總之收穫很多。
這是我哲思人生的開始——
如果我能這麼說的話。
因為這樣的練習讓我學會了思考，
我將它擴大到對文明、政治、宗教的反思，
利用那小小的圖書館
（就是我借藍波作品集的地方），
做點研究。我什麼也沒記錄下來，
但一切令我十分滿足。

18 個月期滿，我的結論是我沒有活出自己的人生，
沒有活出真正的我，我活的是他人期待的我，這是不同的。

而現下這個人從來
不曾存在過。

1975 年冬天，
我和我太太退休回到法國。
我在普法爾茨領悟到的事情裡，
有我對格哈特和薇拉的情感，
以及我對他們犯下的巨大錯誤。
想要與之訴說、請他們原諒我的
欲望占據了我的思緒。
格哈特對待我雖然手法笨拙，
但總歸一句，他是對的。

要如何找回他們？

一開始，我有點「亂槍打鳥」寄出了一些卡片。
沒得到任何回音，兩年就這樣過去了。
1978 年，一次翻找東西時，我瞥見格哈特寫來的最後一封信，
距離當時恰好過了整整 20 年。
當時我只是打開，瞄了幾眼看有沒有什麼大事，
但不曾真正讀過那封信。

在信件末尾，
我看到兩行字：

*想辦法找找看有沒有
奧克塔維奧 • 帕斯（Octavio
Paz）已被翻譯的作品，他跟
我說他的作品在法國愈來愈
受歡迎了。*

我對帕斯這個名字有點印
象，他是個外交官，且是個
國際知名的詩人。
我寫了信給加利瑪出版社，
也寫給在馬德里的卡薩維拉
斯奎茲出版社，因為印象中
1971 年時，帕斯似乎曾替他
們出版的書寫過一篇序。
我還寫信給巴黎的墨西哥大
使館，他們的文化部寄了他
在墨西哥的地址給我，於是
我寫信給帕斯：
「請問您知道格哈特和薇拉
的地址嗎？」

然後我收到了帕斯的回信[13]。

1979 年 4 月 10 日

Monsieur Alan Cope
3, Rue Suzanne-Cothonneau
F - 17410 Saint-Martin-de-Ré
France.

先生，

　　在米雪兒・阿爾班女士的協助之下，
我因而找到您的朋友、音樂家格哈特・孟許及
其夫人薇拉的地址：

　　格哈特與薇拉・孟許
　　米卻肯州塔坎巴羅市莫雷洛斯街 166 號，
　　墨西哥

　　謹上，

　　　奧克塔維奧・帕斯

P.S. 格哈特・孟許的郵政信箱是：
Apartado Postal 25, Tacámbaro, Mich.

Lerma 143-601, México 5, D. F.

38

就這樣，我找回了格哈特和薇拉。
我寄了封信給他們，也收到了回信。
他們都超過 70 歲了，夫妻倆。
他們從 1953 年在墨西哥安頓下來以後，即未曾離開過。
格哈特任教於墨西哥國家音樂學院和墨西哥大學，
寫了很多曲子，也經常演出。
薇拉則寄了一本她的雙語詩集給我。

ESTACIONES

VERA MUENCH

他們在 1972 年時算是退休了，落腳於米卻肯州塔坎巴羅這個曾被殖民的小城。
住在一棟 19 世紀的房子裡，屋裡每個空間都面向滿是灌木、花卉、群鳥的天井。
他們依舊活躍，但也漸漸察覺自己老了。他們遠離人群，格哈特一隻眼睛有毛病，
迫使他只剩另一隻眼睛可用，手指也變僵硬了。

我寄了些自己的照片過去，然後收到他們寄來的一本墨西哥雜誌，
裡頭有一篇很長的文章，配圖是他們的合照。
他們當初與我相識時是那麼年輕，若要重建他們當年的模樣，
得把他們臉上所有歲月的痕跡都抹除才是。
也許用圖畫方能表現出來吧。

從普法爾茨時期以來，
我不間斷地思索且成長許多。
我對自身所處的文明愈益無法認同，
但其中仍有許多面向讓我眷戀不已。
我也理解到，我搞砸了自己的人生，
就像人類搞砸了他們的生活。
箇中原因都差不多：
某種智慧與諸多藝術品味沒有被開發；
教條、糟劣的價值觀與錯誤的想法充斥；
渾噩度日之人的某種心理疾病、差勁的習慣、
對地球資源超乎常理的揮霍；因為自身的
頑冥而無法打開生命真正的精神性。
我發覺自己在面對這一切問題時，
變成一個極端且無法妥協的人。
給格哈特的信裡我這樣寫著：
「我徹底反對所有人的看法，
而所有人也反對我，這真是不可思議，
但是**我覺悟了！**」

他很高興我有這樣的體悟，而從那天開始，
我們彼此寫了無數的信。
他說我是他唯一還保有聯繫的人，
而我想自己多少使他的晚年不那麼苦澀。
儘管他那隻眼睛視力愈來愈差，為了我，
他從藏書裡挑選出他認為重要的篇章，
親手一頁一頁抄寫，
想讓我沉浸在我從未經歷過的氛圍裡。
一頁又一頁的巴修拉、
一頁又一頁的亨利 · 博斯科，
還有密斯特拉，特別是他能用普羅旺斯方言
來讀的《隆河之詩》。
還有勒內 · 夏爾、蘇貝維耶。
他讓我讀了霍夫曼那些被他譽為
「有史以來想像力最豐富」的故事、
「崇高且絕妙神諭般的詩人」荷爾德林。
每次只要我可以，我就努力聽梅湘、
布萊茲或是史托克豪森，
這些都是他推介到墨西哥的作曲家。

經過獨自一人在小貨車裡培養出屬於我的意識胚胎，
隨著重新尋回格哈特，我在 55 歲那年，誕生了。

這就是格哈特在一眼失明後，寄給我的手抄篇章[14]：

巴修拉　　　　　　　請回信！！

《夢想詩學》，頁161　　然而世界的存有者，會作夢嗎？啊！往昔，
在「文化」之前，誰會懷疑？每個人都曉得，金屬是在礦脈裡，
緩緩成形。而少了作夢如何熟成？……
至於地球──當它不轉動時──若少了夢，其季節如何醞釀？
宇宙性之遼闊大夢，乃地球靜止不動的擔保。儘管經過漫長研究後，
理性前來證明地球轉動著，仍有人認為如此聲明等同夢一般的荒謬。
誰能**說服**一位宇宙夢想者，說地球繞著自身旋轉且飛行在空中？
人們作夢時，不會帶著經過教導而來的思考。

《空間詩學》[15]：在博斯科著作中的這些片段，具有榫頭接合的作用，
它把力量的保留跟勇氣所具有的內在城堡接榫起來。
在閱讀、重讀《馬力克瓦》之際，我聽見「引退之所」的屋頂上，
就像皮耶・讓・獻夫所言，有「夢的鐵蹄」走過。
我們從不曾直接體驗過任何意象。每一個偉大的意象，都有一種不可測
的夢境深度，而個人的過往會為這個夢境深淵添加特別的色彩……
在絕對想像的支配下，我們很晚才青春。要遺忘塵世樂土才能真正活在
其中……將之活在超越所有激情的絕對昇華之中。
詩所給予我們的並非那麼多青春的鄉愁，那可能會流於庸俗，而是
青春如何表達的鄉愁。**我們反覆咀嚼著原始性。**
──（然而）每個深沉的靈魂都有其各自的彼世[16]──
字詞（──我時常這麼遐想──）是一戶戶的家屋，每戶都有自己的
地窖與閣樓。普通的常識住在地面樓，總是為了配合「對外交際」
而準備，待在與其他人及過客同樣的層次，這過客不曾是夢想者。
在文字家屋裡，往上爬是一步步地退縮藏匿。
往下到地窖，則是作夢，迷失在模稜兩可的詞源所構組之遙遠長廊裡，
尋找在字詞裡無以覓得的寶藏。
　　　　　　　　　　　　　在字詞本身裡昇與降──

14. 此頁至 285 頁的原信手稿見 331 至 335 頁。
15.《空間詩學》部分的中譯沿用中文版《空間詩學》譯文（龔卓軍譯，張老師文化出版，2003）並因應書中的節錄稍作修改。
16. 這一句出自《燭之火》。

是詩人的人生。昇得太高及降得太低，在詩人的作為裡是被容許的，他們將天與地合而為一。難道只有哲學家將被他的同儕判定非得住在地面樓嗎？

《燭之火》(p.58)

火焰是一種有人棲居的垂直狀態。所有火焰之夢想者皆明白火焰是活的。它藉由靈敏反應確保其垂直性。就算燃燒時的偶發事件干擾其頂端的衝勁，火焰會即刻反擊。懷抱垂直意志的夢想者在火焰面前取經，明白他必須重新站起。他再度尋回朝向高處燃燒的意願，卯足全力，前往烈焰之巔。

火焰是往上流的沙漏。⋯⋯火焰與沙漏，在寧靜冥想中，顯露出輕盈時光與沉重時光的感通。⋯⋯若我能在我想像機體裡結合蠟燭與沙漏，我願夢著時間、流逝的週期與消失的週期。

微小光芒的夢想將我們帶回親密的避難所。在我們身上，似乎有些僅容得下一絲微光的陰暗角落⋯。

《空間詩學》頁40關於古董商（你找找就有）

花朵長存於杏樹仁當中。

由於這句出色的警句，家屋和臥房，都擁有了一股難以忘懷的私密印記。等等⋯如此，博斯科（所描述）的家屋，從地面向天空伸展。他擁有塔樓的垂直縱深，從最世俗、溼答答的深淵裡向上昇揚，一直到一個相信有天堂存在的靈魂居所。這樣一棟家屋⋯⋯如夢般地完整。⋯⋯它把塔樓變成了一項禮物，送給那些或許連鴿舍都沒見過的人。

我們應該由那些使之超越**人的條件**的傾向總和來定義一個人[17]。

保存在「置物櫃」、在為人所喜愛的這座窄小事物博物館裡的物件，都是夢想的護身符[18]。

17. 這句話出自《水與夢》（L'eau et les rêves）。
18. 這句話出自《燭之火》。

巴修拉

（你的房子，是，
小木屋）

《土地與意志的夢想》

土地的事物還給我們對能量的允諾之共鳴。對物質的掌握運用

喚醒我們對自身勇氣的自戀，一旦我們歸還它所有的夢幻囈妄。

—⊙—

意象始終是一種對存有的提升。

—⊙—

有一種花崗岩的時間，（如同在黑格爾的）自然（哲學裡）

存有一種 pyrochronos，一種火的時間…

觸覺探索實體時，…已準備好扭曲物質根本的幻象。

　直覺總是為敏銳意志所用。…我們的生命充滿這些奇異的經驗，

這些我們藏匿、且在我們無意識裡引領著（格哈特誤植為「帶來」）

沒有終點之夢想的經驗。…就算我們（只是）想像果凍上刀子

劃過的那道工整而微微顫動的裂縫，美麗的肉身不會流血…

麵糰：在水與土之間平衡——緊握著的拳頭不粗暴也不軟弱的動力…

手作的夢，…「對我而言一切都是麵糰，我就是自己的麵糰…」

…我們必須理解，手就如同眼神，有它的夢想與詩學。

　因此我們應該探究觸摸的詩，揉捏之手的詩。

一塊不幸的麵團足以讓一個不幸的人意識到他的不幸。

—⊙—

黏稠：觀察那些害怕黏稠物質的人把它們搞得到處都是很有趣。…

倘若我得傾全力活在黏稠裡，那麼膠即是我。我將…

在灌木叢裡放置塗有鳥膠的陷阱，用誘鳥笛奮力吹出虛偽之歌。

—⊙—

所有創造（格哈特誤植為「創造物」）都必須戰勝不安。

　創造，乃解放焦慮。（當我們被鼓吹去付出新的努力時，我們就

喘不過氣來）因而要跨入所有學習的門檻時都存在某種勞動的嗓喘。

簡樸屬於年老。必須曾活在一座古老花園裡才能虔誠地闡述百合與

　山金車的一切美德。至於物質是青春的夢境；對人體有益的物質是受

安慰的病痛，口頭的健康。

「我放一顆蘋果在桌上，再將自己放進這顆蘋果。

多麼安靜啊！」…這是一種微型化。每個追求這種狀態的夢想者

將會縮小，住進蘋果裡。我們可以將之視為想像作用的基本條件：

夢見的事物從來不曾維持其尺度。

———o———

最劇烈的戰鬥並非對抗想像的（真實的？[19]）力量，而是對抗想像的力

量。人是一齣象徵符號的悲劇。———o———

葡萄酒是什麼？是一具活的軀體，裡頭保有最多變之「精神」的平衡，

飄揚的精神與穩重的精神，結合了一方宇宙與一片風土。葡萄優於其

他植物，發現土地眾神使者的一致性，賦予葡萄酒恰到好處的份量。

它依著太陽的巡禮越過黃道十二宮，工作了一整年。葡萄酒從不忘記，

在地窖最深處，在天「宮」裡重新啟動太陽的巡禮。正是如此留下季節

印記，使它找到最令人驚異的藝術：陳年的藝術。

藉由全然物質性的方式，葡萄從月亮、從太陽、從星星身上拿取唯一

足以「歸納出」所有生之火的，一點點純粹的硫。…

葡萄酒確實是一種懂得展現個性的共通概念[20]。

———o———

（譯注） 此句原文為 Corps 或 Coffs，字跡難以辨識，無法確認。，End 可能是 、

P.S. 親愛的阿蘭，我得停筆了，因為少了一隻眼的緣故。

相信藉由這偉大的巴修拉你可以明白，

我私心期望你讀它時亦與我有同樣的激情與驚嘆，這些感受

在我最為脆弱晦澀的時刻總有辦法滋養我——做為交換，

我熱切盼望感受到你的驚嘆。題外話：難以想像的是，

他原本是原子科學家，離這些很遙遠！！！

多麼大的轉變啊。

這 4 張是屬於同一封信。
當然，所有的信我都保存著。

284　　19. 巴修拉的原文是「真實的」。
20. 這一頁的段落出自《土地與休憩的夢想》。

每逢新年，我都會寄一份漂亮的年曆給他們。

隨著時間過去，薇拉的病也一日日加重。

1987 年 8 月底我收到這樣的消息：

格哈特 & 薇拉・孟許

> 米卻肯州塔坎巴羅市莫雷洛斯街 166 號
>
> 歷經了長時間的夢魘與失憶精神錯亂之後，
>
> 她在 8 月 1 日過世了。
>
> 我們何以失去彼此？我好想念你。
>
> 我犯了什麼錯？毫無記憶
>
> 也許這一切都是幻象，我雖然開了刀，卻可說是瞎了
>
> 其他種種無話可說
>
> 我等待
>
> 格哈特　誠摯的友誼

1988 的新年，我寄出了最後一份年曆，上面是法國南方奧克語。

我收到了以下的回信，這幾行字呈現出來的狀態，正是將死之人的象徵。

Apartado 23 - 61500 - Zitácuaro, Michoacán (Mexico) - Tel. (91-725)

> 親愛的阿蘭老弟，
>
> 我的舊疾復發，幾乎要瞎了，無法回信給你，
>
> 但你的心意我收到了。
>
> 原諒我，我筋疲力盡了。
>
> 拋下一切，渴望早早死去
>
> 別無其他
>
> 原諒你的 G

然後，再也沒有回音。

39

你或許還記得我和格哈特、薇拉是在巴特維塞認識的，
當時跟我一起的士兵叫做吉姆 · 波斯特。

事情就是這麼巧，
1979 年重新聯絡上他們時，
我正在讀楚門 · 卡波提的《冷血》。
那本書描述的是 50 年代末堪薩斯州
一家人慘遭兩名惡棍滅門的兇殺案。
提及那兩名犯人訴訟過程時，
卡波提提到了在他們被關的監獄裡
服務的牧師：
神職人員吉姆 · 波斯特。
《冷血》講的是真實故事對吧？
那可不是小說，裡面的人名都是真的。

吉姆跟我一樣，
當年也打算投身神職工作。
他出身堪薩斯州，
在監獄擔任牧師很像他會做的事。
我心想那個人很可能就是他。

我寫了信寄到美國給那本書的編輯，
詢問他能否將隨信附上的信封
（我沒有封口）轉交給牧師吉姆 · 波斯特。

他幫我轉交了，然後我收到回信。

那個人的確就是吉姆‧波斯特。他說很高興收到我的信，還寄了他傳福音布道所使用的文宣給我。

他造訪一個又一個城市、一座又一座監獄，他也參與一個計畫，在其中主持很多講座──那計畫名為「Save our boys」還是「Save our children」我也忘了，意思是「拯救我們的孩子」，其實關注的即是那些行為偏差、入獄的孩子。

其計畫目的是說服爸媽，當他們孩子的反社會行為透露出某種徵兆，也就是帶有犯罪意圖時，應該透過基督新教這類宗教途徑做一些補救調整。

就本意而言，這是很棒的想法，但是手段過於偏向基本教義派，讓我實在樂觀不起來。之前我也跟很多入獄的年輕朋友交手過，那甚至可說是我重要的一段人生經歷。所以我完全贊同他們的初衷，但對其採取的途徑則不以為然。

不是所有人都能這樣愛耶穌，倘若只把宗教當作一種拯救孩子的方式，我們會變得很虛偽。身為父母，我們鼓吹著自己都不相信的東西，這不是什麼好事。

吉姆也告訴我艾略特牧師過世的消息，他的口吻我不太喜歡：「Dear, dear Chaplain Eliott is dead…」

歐洲沒有這類同質性的東西。

那真的讓人難以忍受，他們的講演實在太過甜膩煽情。

他把宗教當作我們重拾友誼的某種先決條件其實不奇怪。

1946 年，我們還很熟的時候，我跟他有一樣的想法，而且也想做相同的工作。

他無法知道我已經變了。

我寫信把自己的轉變告訴他，我說我非常開心再次跟他聯絡上——這是實話，我很喜歡這個傢伙——只是無法在宗教意味如此濃厚的基礎上有所共識。而且我質疑，正是所謂的基督教造成現代社會許多的問題。

我從不認為基督教的教堂等於耶穌的教堂，基督教的教堂既非由耶穌，亦非使徒彼得、或任何一位福音傳道者所創立，而是由保羅創立的。

然而，保羅是個厭惡女人、反對基本性欲的道德主義者。去讀聖經吧，你會知道的。

好吧，真要說的話，我的回信算是很不留情面。

我當然有錯，在我一生中，我常常在犯錯，但是我沒辦法，我是真心誠意，想要立場明確地，回應這段友誼。

總之，他不曾再回信。

因為種種幸運巧合，也通常要伴隨許多努力，我一個一個，幾乎將朋友全數找回。我找回了艾吉兒，但我們的往來比較是延續著青少年時期的記憶。這等之後再說。

她給我傳來帕琪——我第一個未婚妻意外身亡的死訊。

也因為艾吉兒，我跟弗林特再度聯絡上。我和弗林特寫了好長一段時間的信，交換了很多宗教上的想法，但從未決裂，每年聖誕節我們都還會互相問候。

而歸功於郵局的存局候領服務，我聯絡上多明尼克·東多納。我記得戰後，他娶了阿肯色州史密斯堡一家大型五金賣場的千金，我寫了信到那裡去。

幾個星期後，家裡電話響了，是他打來的。

他說：
「我過得非常好，賺了很多很多錢，5個小孩，每個都大學畢業。」

太棒了！
我可沒這福氣。

他又說：
「你可以隨時打對方付費的電話給我，我來付。」

我寄了兩封信過去，都沒有回音。後來準備打電話時，收到了他兒子傳來的消息。

心臟向來沒有半點毛病的多明尼克，突然心肌梗塞過世了。

小盧呢，我找到了他卻又沒找到他。

我想方設法打探他在新澤西的地址。我寄了信跟照片，卻都石沉大海。

後來也一樣，是他女兒回了信給我。這個女兒就是 1948 年秋天，我在他們家借住一個月時，他太太肚子裡的孩子。小盧一生都忙著蓋房子，他的太太在前一年過世了。而他呢，為疾病所苦而家人以為那只是潰瘍。他什麼都沒說，一如既往地勇敢。

他跟同行一個伙伴到佛羅里達去打拚，後來死在那裡。他女兒在他的遺物裡發現我寫的信，信已經被拆開了，表示他有收到也讀了，只是沒有回信給我。

她寄了小盧這張照片給我，照片裡已是個老男人了。

有一天，我的繼母，
也就是我父親的第二任老婆，
跟我承認她曾接過一通電話，
已經好一陣子的事了，
有個叫什麼蒂娜的人在找我。
而我這說笨也真是笨的可以的繼母對她說：
「不要再煩阿蘭了好不好，他已經結婚了。」
別說我已經結婚了，
我現在都已經當爺爺了好嗎！

我的直覺告訴我，
這個蒂娜應該是克蕾蒙汀，
雷根斯堡羅斯鮑爾家的克蕾蒙汀。
為了問地址我寫信給她的表哥艾利克，
他一直住在雷根斯堡。
我是這樣跟艾利克再度聯絡上的，
我都叫他「我的兄弟艾利克」，
時不時就會捎信給他。
他給了我地址，
於是就在密西根州一個偏僻無名之處，
找回了克蕾蒙汀。

她嫁給一個美國士兵，跟他回了美國。
現在丈夫已經死了，而他們有兩個孩子。
她在俱樂部、教堂等地方彈琴維生。
她寄了一張照片與一張唱片給我，
跟她那負責打鼓伴奏的兒子一起錄的，
哪天我放給你聽。
聽著她的聲音、看著她 50 歲的照片，
你一定可以想像她在 16 歲時是多麼親切可人。
那樣單純、充滿活力且才華洋溢。
她取了個藝名：
蒂娜真妲，這是她的「中間名」。

我們彼此信寫得不勤，
很有趣吧，算是很個人的情感。
我應該要再寫封信給她，
這些日子啊～

最後，我要來講講蘭迪。
我第一段婚姻剛開始不久，
他來法國找過我，
因為他家族有一分支是法國人，
他也過來拜訪他們。
他跟他的父親一起來，
順便去了我曾跟他們吹噓過的巴伐利亞。
給我帶回了一套 LEDERHOSEN，
聞名的吊帶皮褲，尺寸大了兩號，
不過我有把它改小。
我去見克隆林克的那一天穿的，
就是這皮褲。

蘭迪在巴黎的親戚邀請我去做客，他們家非常時髦，我就穿了這套巴伐利亞皮褲過去。大家有點驚訝，但有何不可？畢竟是蘭迪送我的。

當時我的法文還不夠好，我還記得他們對我說：

先生，您要來點乳酪嗎？

喔好啊，一小點。

我們不說一小點，要說一小塊。

我和我太太、蘭迪一起在巴黎閒晃。他非常開心，因為到處都有「流浪兒」。我之前就跟你提過了，蘭迪讀過很多書，而在那些關於古老巴黎的故事裡，總是會出現「流浪兒」，其實就是街頭的男孩啦，調皮搗蛋鬼、小伙子。

啊終於！我看到流浪兒啦！

後來，他寄了好美的詩給我，打字機敲出的字，完美無可挑剔，讓人捨不得用手去摸。那些詩應該被我弄丟了。那詩寫得是那麼好，他才 18 歲，就能寫出那樣的好詩。

他在舊金山安頓下來。從那裡寫了信給我，跟我說他被硬上了但是他非常享受其中，我聽了並不驚訝也不生氣。在 50 年代中期，我們像兄弟一樣互吐心事寫了很多信。後來我突然離了婚，再也沒跟他聯絡，而他也無消無息。

後來在我積極尋找故友的那段時間，我當然也找過蘭迪。我寫了不只一封信，寄到他老家科羅納多，後來終於有個女子回信寫道：「這房子是我們跟原本的屋主買的，我們不曉得他們在哪裡，但我想他們都已經死了。」

啊！不會吧！

於是好一段時間我都以為蘭迪死了。後來有一天，我猛然想到一個辦法，我打了電話給國際資訊局。他們的效率高得嚇人，我跟蘭迪通上電話了，他人在舊金山。

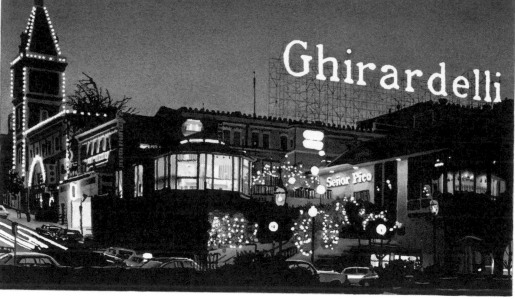

我老早超過 60 歲了，他才快 60。
他又驚又喜。

你還好嗎？
結婚沒？

「哈，沒有沒有，我一直是同志啊。」

我寫信到科羅納多，那裡的人說你們都死了，一個女的說的。

「靠，鬼扯！胡說八道！她這樣說？我爸媽是死了，但我弟和我可都活得好好的。」

我們說好要恢復通信。
那時我正在找《比薩詩章》
第 75 章，就是龐德寫給格
哈特的詩，我寫信拜託蘭迪
寄一份複印本給我。
對於他這種沉浸在書海的人
來說，應該不是難事。
他沒回信，最後我打了電話
給他。

你沒找到我拜託你找的詩嗎？

「啊，沒有，我沒去找。」

抱歉，但為什麼呢？

「因為太麻煩了。」

他的聲音聽起來
很奇怪。

你的聲音聽起來很奇怪，你怎麼了？

「沒事，我生病了。」

「流感啦。」

他停頓了好一會兒，
彷彿在想要替他的病
安上什麼名字。

我再也沒有他的消息，
打了電話他也沒接。最後，
電話簿上不再有他的名字。
那個年代，
人們開始在談論愛滋病，
我猜他應該是染上了。

嗯這就是蘭迪的故事，
結局真令人悲傷。

40

該怎麼形容我的戰爭故事呢？
小人國裡有個習俗我很喜歡。
他們會繞著說故事的人，對他拋出主題。

比如，與會的其中一人說：「愛！」然後說故事的人回答：「愛？是這樣的。」
或像是：「恨！」「恨？是這樣的。」然後，他開始講故事。

我的故事或可如此點題：
「戰爭？是這樣的。」

不過你們想怎麼說
就怎麼說。

最後一則軼事。
就在戰後我到巴黎念工藝學校時，
經歷過捉弄新生的儀式。
那儀式還頗有分寸且滿好玩的。

我們被要求扮裝成史前時代的男男女女，
每個人臉上都畫得花花綠綠，
不管是男生女生，然後披上五花八門、
在藝術學院很容易找到的東西。
奇怪的是，我想不起自己到底穿了什麼。

我只記得一些重點，
而且是最最最好玩的部分，
就是我們每個人都拿到一張地鐵票，
遵照指示在聖保羅站上車，
搭上行駛於訥伊─文森堡的一號線，
我已經忘了這段小旅程延伸到哪去，
只記得至少要轉車一次。

我們帶著假棍子、超大的狼牙棒、
包著鋁箔紙的大刀，
然後必須鬼吼鬼叫，
造成恐慌嚇跑地鐵的所有旅客。

好啦，就是這樣。

謝謝克蕾蒙汀（Clementine）與她的孩子們。

謝謝艾利克（Erich）與羅斯鮑爾（Rossbauer）一家在雷根斯堡親切接待我，
如同 60 年前他們接待阿蘭一樣。
因為他們，我才得以敲開乳牛巷一號的大門，
在漢斯的小園子裡悠閒散步，一窺安娜（Anna）地窖的樣貌。
謝謝 Lothar Erett 促成這些相逢。
謝謝 Bernhard Kaiser 在他位於巴特維塞的旅館 Askania 幫我保留了一間有著陽台、
面對泰根湖的房間，還讓我看了他保存的那些檔案。
謝謝 Leni 與吉瑟拉（Gisela）將他們 1945-1946 年的往事講給我聽。
謝謝 Mario Beauregard 提供格哈特與薇拉的照片，
取自《Plural》雜誌（墨西哥，1978 年 1 月號）。
謝謝 Thierry Garrel 和 Peter Fleischmann 提供出現在知名紀錄片《我的殺手朋友》
（Mon ami l'assassin，Fufoofilm-Arte 2006）裡那些普法爾茨的影像。
謝謝 Bill、Maria 和 Panchito 出借他們在帕薩迪納的別墅，那可是前往紅杉林路上的夢幻基地營。
想念范杜拉市的 Vance、威尼斯的 Thierry Mallet。
謝謝 Mado 和 Claude Perrault、Liliane 和 André Perrier，Suzanne 和 Henry Burel，
讓我在島上度過美好時光。
問候 Jacqueline Chazelas、Madeleine Audouys、Monique 與 Christophe，
Kerebel 一家、Shear 一家和 Signorello 一家，還有 Pierre Soler。
要跟 Lucienne 乾一杯，另一杯獻給 Yves、Ursula、Sophie 以及 Benoît。
謝謝 Lila 和 Jérémi Marissal 在我之前先到雷根斯堡舊城區探勘，還寄了幾張照片給我。
謝謝 Pierre 和 Françoise Lèbe。
謝謝 Jed Falby 的慷慨大方與他的「rumble seat」（行李艙座椅）。
謝謝 Frédéric Lemercier 那些無價的好萊塢城堡、
François Calame 堅固的小木屋，還有 Xavier Dandoy de Casabianca 美麗的灰色長沙發。
謝謝 Didier Lefèvre 讓我認識了維加（Weegee）和 Louis Faurer 的攝影。
謝謝法國國家圖書中心補助《阿蘭的戰爭》三部曲中的第一部。
謝謝 Mark Siegel 以及 First Second 團隊。
謝謝 Jean-Christophe Menu 以及所有在這三部曲中付出心力的你們，
謝謝 L'Association（協會出版社）。

謝謝 Donatella 與 Cecilia 體貼陪伴著我追隨阿蘭的腳步，走訪加州與巴伐利亞。

您是否同意，當我們速寫一個人的時候，
其人生的每個部分都有其重要性，
都值得被懷念？

阿蘭 ・ 英格拉姆 ・ 克普

諾克斯堡

小盧

假克普下士正在和假巴頓將軍握手

雅科（波西米亞森林，1945）

雷根斯堡，羅斯鮑爾一家

左起阿蘭、克蕾蒙汀、佩比叔叔、漢斯、安娜

安娜與阿蘭

克蕾蒙汀、阿蘭、艾利克

巴特維塞泰根湖

阿斯卡尼亞飯店

克蕾蒙汀親手織的套頭緹花毛衣

穿著文職人員的制服

美國，1947

雷德蘭茲大學

1934 年的雪佛蘭

帶著墨西哥孩童去郊遊

薩雷公館 ，巴黎，1949

（註：薩雷公館〔 Hôtel Salé 〕即當年阿蘭就讀的巴黎市立工藝學校所在地，於 1975 年改造為畢卡索博物館。）

捉弄新生

Army of the United States

Honorable Discharge

This is to certify that

ALAN I. COPE, JR, 39299934
Corporal
Headquarters Special Troops, Third U. S. Army

Army of the United States

is hereby Honorably Discharged from the military service of the United States of America.

This certificate is awarded as a testimonial of Honest and Faithful Service to this country.

Given at Bad Tolz, Germany

Date 22nd March 1946

THOMAS C. CHAMBERLAIN
Lieutenant Colonel, Cavalry
Commanding

Conversation with a Giant Sequoia Redwood

Journey, swooping up from a white heat-frozen desert.
Mountain heights tempered in pure blue respiration,
Aflame throughout four rust-red centuries.
Sequoia is an Indian name.

The legend; where is it?
Who has seen you?
The fawn
The snake
Fires.
Count back to The Tree
Where your time begins,
Double that
And my mother tossed a pinion,
Whirling in the air —
I have no legends!

I am the last of a long line of arrows
That strayed from Apollo
Or a post that held up the earth.
While Jehovah was painting it
Or the mast of a sailing moon
Stranded on a voyage from Mars.

Do not look at me too long — it is dangerous,
(Why have I disturbed this peace?)
Go back to your city
Your legends
And Time!'

California, 1998

329

Le 10 avril, 1979.

Monsieur Alan Cope
3, Rue Suzanne-Cothonneau
F - 17410 Saint-Martin-de-Ré
France.

Monsieur,

        J'ai pu retrouver, grace à
Madame Michèle Alban, l'adresse de vos
amis, le musicien Gerhard Muench et sa
femme Vera:

        Gerhard et Vera Muench
        Calle Morelos 166
        Tacámbaro, Michoacán
        México.

                Cordialmente,

                Octavio Paz

P.s. La boîte postale de Gérard Muench:
     Apartado Postal 25, Tacámbaro, Mich.

                Lerma 143-601, México 5, D. F.

BACHELARD.   Réponse s'il te plaît!!

Poétique du Rêve, page 161: Mais l'être du monde, rêve-t-il?
Ah, jadis, avant la "culture", qui en aurait douté? Chacun
sait que le métal, dans la mine, lentement mûrissait. Et
comment mûrir sans rêver? Et la terre —quand elle ne
tournait pas— comment, sans rêves, eût-elle mûri ses
saisons? Les grands rêves de cosmicité sont garants de
l'immobilité de la Terre. Que la raison, après de longs travaux
vienne prouver que la Terre Tourne, il n'en reste pas moins
qu'une telle déclaration est oniriquement absurde. Qui
pourrait convaincre un rêveur de cosmos que la terre vire —vole
sur elle-même? et qu'elle vole dans le ciel? On ne rêve pas avec
des idées enseignées.   ⊗

   Poétique de l'Espace: On lit les pages de Bosco comme un
emboîtement des réserves de force dans les châteaux
intérieurs du courage.
En relisant Malicroix j'entends sur le Toit de la Redousse
passer le sabot de fer du souff.—
   On ne voit jamais l'image en première instance. Toute grande
image a un fond onirique insondable et c'est sur ce fond
onirique que le passé personnel met des couleurs particulières—
Dans le règne de l'imagination ꞃꞃꞃ absolue, on est jeune très
tard. Il faut perdre le paradis terrestre pour y vraiment
vivre dans la sublimation absolue qui transcende toute

passion.—
   La poésie nous donne non pas tant la nostalgie de la
jeunesse, ce qui serait vulgaire, mais les nostalgies des
expressions de la jeunesse. Du sublime de la primitivité.
— Toute âme profonde a son au-delà personnel.—
   Les mots sont des petites maisons, avec cave et grenier.
Le sens commun séjourne au rez-de-chaussée, toujours
prêt au "commerce extérieur", de plein pied avec autrui
ce passant qui n'est jamais un rêveur. Monter l'escalier
de la maison du mot, c'est, de degré en degré, abstraire.
Descendre à la cave, c'est rêver; c'est se perdre dans les lointains
contours d'une mythologie incertaine, c'est chercher dans les mots des
                    trésors introuvables. Monter et descendre,
                              dans le mot même

c'est la vie du poète. Monter trop haut, descendre trop bas
est permis au poète qui joint le terrestre à l'aérien.
Seul le philosophe serait-il condamné parr ses pairs
à vivre toujours au rez-de-chaussée ?

—o—

Flamme d'une chandelle (p 58)

La flamme est une verticalité habitée. Tout rêveur de flamme
sait que la flamme est vivante. Elle garantit sa verticalité
par de sensibles réflexes. A'un incident de combustion
vienne troubler l'élan zénithal, aussitôt la flamme réagit.
Un rêveur de volonté verticalisante qui prend sa leçon
devant la flamme apprend qu'il doit se redresser. Il
retrouve la volonté de brûler haut, d'aller de toutes ses forces
au sommet de l'ardeur.—

La flamme est un sablier qui coule vers le haut. Flamme et
sablier, dans la méditation paisible, expriment la communion
du temps léger et du temps lourd. J'aimerais rêver au
temps, à la durée qui s'écoule et à la durée qui s'envole
si je pouvais réunir en ma cellule imaginaire la chandelle
et le sablier.

Les rêveries de la petite lumière nous ramèneront au réduit
de la familiarité. Il semble qu'il y ait en nous des coins
sombres qui ne tolèrent qu'une lumière vacillante...

P. de l'Espace. prag 40 sur l'Antiquaire. (Tu trouveras cela)

La fleur est toujours dans l'amande. Par cette admirable demeure,
voilà la chambre signées d'une intimité inoubliable
etc....... Ainsi la maison de Bosco va de la terre au ciel
Elle a la verticalité de la tour s'élevant des plus terrestres
et aquatiques profondeurs jusqu'à la demeure d'une âme
croyant au ciel. Une telle maison est vraiment complète
Elle fait la charité d'une tour à ceux qui peut-être n'ont
même pas connu un colombier.

—o—

On doit définir un homme par l'ensemble des tendances
qui le poussent à dépasser l'humaine condition

—o—

Les objets gardés dans le "choses", dans cet étroit musée des
choses qu'on a aimées, sont des talismans
de rêveries.

Bachelard. (ta maison,
2° âtre, chalet)

. La terre et les Rêveries de la Volonté :

. Les objets de la Terre nous rendent l'écho de notre
promesse d'énergie. Le travail de la matière
dès que nous lui rendons tout son onirisme
éveille en nous un narcissisme de notre courage.

L'image est toujours une promotion de l'Être.
Il y a un temps du granit…. la nature possède
un psycho-chronos, un temps de fer….

Déjà la sensation tactile qui fouille la substance,
prépare l'illusion de toucher le fond de la matière
L'instinct a toujours à sa disposition une volonté
incisive. Notre vie est remplie de ces expériences curieuses
que nous taisons et qui viennent en notre inconscient
de rêveries sans fin. On songe à la fente nette et
frémissante d'une gelée traversée par le couteau, à cette chair
qui ne saigne pas…. équilibre entre eau et terre. — dynamique du
La pâte : poing fermé sans violence et sans mollesse : rêve manuel.
"tout m'est pâte, je suis pâte à moi-même." Il nous faut
comprendre que la main aussi bien que le regard, à ses rêveries
et sa poésie. Nous devons donc découvrir les poèmes du
toucher, les poèmes de la main qui pétrit. —
Une pâte malheureuse suffit à donner à un homme malheureux
la conscience de son malheur.
Le visqueux. Il est amusant de constater que celui qui a
peur d'une matière visqueuse s'en met partout.
"S'il me fallait à toute force vivre le gluant, c'est moi-même
qui serait glu. J'irais tendre des gluaux dans le buisson,
poussant dans le pipeau des chants d'hypocrisie !

Toute créature doit surmonter une anxiété. Créer, c'est
dénouer une angoisse. Il y a une sorte d'asthme de
travail au seuil de tout apprentissage.
La simplicité est archaïque. Il faut avoir vécu dans un
vieux jardin pour dire avec foi toutes les vertues du lys
et de l'arnica. Alors la substance est un songe de jeunesse,
la substance est une maladie consolée, une santé parlée.

"Je mets une pomme sur la table, puis je me mets dans cette pomme. Quelle tranquillité." C'est une mise en miniature. Tout rêveur qui le voudra, ira miniaturisé habiter la pomme. On peut énoncer comme un postulat de l'imagination: les choses rêvées ne gardent jamais leurs dimensions. La plus grande lutte ne se fait contre les forces imaginées; elle se fait contre les forces imaginées. L'homme est un drame de symboles

Qu'est-ce le vin? Un corps vivant où se tiennent en équilibre les esprits à les plus divers, les esprits volants et les esprits pondérés, conjonction d'un ciel et d'un terroir. Mieux que tout autre végétal, la vigne trouve l'accord des mercures de la terre donnant ainsi au vin son juste poids. Elle travaille tout le long de l'année en suivant la marche du soleil à travers tous les signes zodiacaux. Le vin n'oublit jamais, au plus profond des caves, de recommencer cette marche du soleil dans les maisons. C'est en marquant ainsi les saisons qu'il trouve le plus étonnant des arts: l'art de vieillir — D'une matière toute substancielle, la vigne prend à la lune, au soleil, à l'étoile un peu de soufre pour seul capable de bien "élementir" tous les feux des vivants. Le vin est vraiment un universel qui sait se rendre singulier.

P.S. — Carissimo fratello Alan: Il est temps que je cesse de copier — à défaut d'un œil. Sûr d'être compris à travers et moyennant ce sublime Bachelard, je ose espérer que tu le recevras avec le même enthousiasme et l'étonnement qui a été capable d'alimenter les moments les plus sombris de mes faiblesses. — En échange, je désire vivement de connaître ton étonnement. — En parenthèse: Le COMBLE du Comble: Il a été Scientifique nucléaire, froidement cela!!! Quel re-virement.

Gerardo & Vera Muench

Morelos 166 Tacambaro, Mich.
Elle est morte le 1 août après des longues mois de cauchemar
et démence annisié.
Pourquoi nous nous sommes perdus? Tu me manques tellement.
Qu'est-ce que j'ai commis? Aucun rapel.
Peut être Tout cela est illusion. Je suis presque aveugle malgré l'opération.
Le reste sans commentaire.
,J'attens '

Gerhart
en amitié profonde.

Apartado 23 · 61500 · Zitácuaro, Michoacán (México) · Tél. (91-725) 3-26-26

Cher Alexis frère,
J'ai eu une rechute, presque aveugle,
ne peux te répondre, mais j'ai reçu
ton amitié.
Pardonne moi- je suis anéanti
"Tout Abandonné",   pure de mourir tôt-
Rien que cela
Ebenno Ton
Je

PaperFilm FC2034

阿蘭的戰爭

烽火下的荒誕與日常，一個二戰大兵的意外人生
La Guerre D'Alan

原著作者／艾曼紐‧吉貝（Emmanuel Guibert）
譯　　者／陳文瑤
　　　　　頁 228~229、248 英譯部分，感謝譯者黃宛瑜的協助
書系顧問／鄭衍偉（Paper Film Festival 紙映企劃）
責任編輯／陳雨柔
封面設計／馮議徹
行銷企劃／陳彩玉、朱紹瑄、陳紫晴

發 行 人／涂玉雲
總 經 理／陳逸瑛
編輯總監／劉麗真
出　　版／臉譜出版
　　　　　城邦文化事業股份有限公司
　　　　　臺北市民生東路二段 141 號 5 樓
　　　　　電話：886-2-25007696‧傳真：886-2-25001952

發　　行／英屬蓋曼群島商家庭傳媒股份有限公司城邦分公司
　　　　　臺北市中山區民生東路二段 141 號 11 樓
　　　　　客服專線：02-25007718；25007719
　　　　　24 小時傳真專線：02-25001990；25001991
　　　　　服務時間：週一至週五上午 09:30-12:00；下午 13:30-17:00
　　　　　劃撥帳號：19863813　戶名：書虫股份有限公司
　　　　　讀者服務信箱：service@readingclub.com.tw
　　　　　城邦網址：http://www.cite.com.tw

香港發行所／城邦（香港）出版集團有限公司
　　　　　香港灣仔駱克道 193 號東超商業中心 1F
　　　　　電話：852-25086231‧傳真：852-25789337

馬新發行所／城邦（馬新）出版集團　Cite (M) Sdn Bhd.
　　　　　41-3, Jalan Radin Anum, Bandar Baru Sri Petaling,
　　　　　41, Jalan Radin Anum, Bandar Baru Sri Petaling,
　　　　　57000 Kuala Lumpur, Malaysia.
　　　　　電話：+6(03) 90563833‧傳真：+6(03) 90576622
　　　　　電子信箱：cite@cite.com.my

排　　版／漾格科技股份有限公司

一版一刷／2019 年 1 月
I S B N ／978-986-235-722-4
售　　價／450 元（本書如有缺頁、破損、倒裝，請寄回更換）

協會出版社 Ciboulette 系列第 79 冊
2013 年 1 月再刷
義大利 Grafiche Milani 印刷廠印製
二版，2012 第二季度法定送存
協會出版社（L' Association）
電話：01 43 55 85 87　傳真：01 43 55 86 21
www.lassiociation.fr